INTERPRETATIONEN DEUTSCH

BERNHARD SCHLINK

Der Vorleser

Interpretiert von
Michaela Egbers

STARK

Bildnachweis:
Umschlag: Kate Winslet und David Kross in Stephen Daldrys Verfilmung von „Der Vorleser"; The Weinstein Company
S. 3: Isolde Ohlbaum, München
S. 8, 13, 26, 49, 63, 76, 90: Senator/Cinetext
S. 33: ullstein bild
S. 34: picture-alliance/dpa
S. 37: Andreas.klug: http://de.wikipedia.org/wiki/Datei:Struthof_portal.jpg (Diese Datei wurde unter der GNU-Lizenz für freie Dokumentation veröffentlicht und unter der Creative Commons-Lizenz lizensiert.)
S. 39: bpk
S. 43: defd
S. 73: picture-alliance/dpa

ISBN 978-3-86668-132-3

www.stark-verlag.de
1. Auflage 2009

Inhalt

Autorin: Michaela Egbers

Vorwort

„Es ist wichtig, über ein Buch zu sprechen und auch darüber zu schreiben. Das Wichtigste ist aber, den eigenen Zugang zum Text zu finden. Die Schüler müssen wissen, dass sie das dürfen."

(Bernhard Schlink in einem Spiegel-Interview 2002 mit V. Hage und J. Koch bezüglich der Pisa-Ergebnisse und schlechten Deutsch-Unterrichts)

Liebe Schülerin, lieber Schüler,

Sie dürfen und sollen sogar Ihren eigenen Zugang zu dem Roman *Der Vorleser* finden. So bietet der vorliegende Band auch keine festgelegte „einzig wahre" Interpretation, sondern will – wie der Name „Interpretationshilfe" schon sagt – Ihnen durch Aufzeigen einiger Aspekte helfen, sich mit dem Roman auseinanderzusetzen. Dabei werden Problembereiche angesprochen, die sicherlich auch in Ihrem Deutschunterricht vorkommen werden, sodass Ihnen dieser Band sowohl bei der konkreten Unterrichts- als auch der Klausurvorbereitung dienen kann.

Hinführend werden Leben und Werk des Autors vorgestellt, um wiederkehrende Fragestellungen Schlinks aufzuzeigen, die auch für den *Vorleser* entscheidend sind. Diese werden ebenfalls in der folgenden Inhaltsangabe des Romans deutlich, die zur besseren Orientierung nach Kapiteln gegliedert ist.

Im Hauptteil der Interpretation werden zunächst die beiden Protagonisten, Michael und Hanna, eingehend charakterisiert und ihre Lebenswelten dargestellt. Die Beziehung der beiden wird stark durch die NS-Thematik, Aufarbeitung von Schuld und Hannas Analphabetismus geprägt, was näher erläutert werden wird. Auch darüber hinausgehende Motive werden betrachtet, da sie im Roman für einen inneren Zusammenhang sorgen und interessante Interpretationsspielräume eröffnen. Die Wirkung des Romans, der durch die geschickte Verknüpfung der NS-Thematik mit dem Analphabetismus die Frage nach einer Relativierung der Schuld aufwirft, resultiert aus einem erzähltechnischen Kniff, der erklärt werden wird. Dabei wird neben der Erzählperspektive auch auf die Sprache eingegangen und die Gattungsfrage berücksichtigt. Illustrierend werden drei Schlüsselstellen des Romans interpretiert.

Schlinks Verwendung der „Täterperspektive“ wird kurz literaturgeschichtlich eingeordnet, damit die Reaktionen auf den *Vorleser* nachvollzogen werden können.

Abschließend werden einige weiterführende Werke für die vertiefende eigene Beschäftigung empfohlen.

Michaela Egbers

Einführung

Die Auseinandersetzung mit den Gräueltaten der NS-Zeit bildet einen zentralen Schwerpunkt der aktuellen Lehrpläne. Beschäftigt man sich mit den Fakten und historischen Ereignissen, ist aus heutiger Sicht ein moralisches Urteil über Schuld und Mitschuld oft schnell gefällt.

Bernhard Schlink bietet mit seinem Roman *Der Vorleser* einen neuen Blickwinkel auf die Aufarbeitung der **NS-Thematik** und die **Schuldfrage**. Im Rahmen einer Liebesgeschichte zeigt er an einem konkreten Beispiel den **ambivalenten Menschen** hinter den **barbarischen Verbrechen**. **Analphabetismus** lässt auch die Täterin schwach erscheinen und wirft für die nachfolgende zweite Generation die Frage nach dem **Verstehen bzw. Verurteilen** auf. Diese Problemstellung wird durch die Erzählperspektive an den Leser weitergegeben und die Distanz zu den Schuldigen reduziert, was für Schlink entscheidend ist. Denn: „Wir hätten doch mit den Tätern schon lange abgeschlossen, wenn es wirklich alles Monster wären, ganz fremd, ganz anders, mit denen wir nichts gemein haben.“[1]

Der Leser wird auf diese Weise neu zu einem **moralischen Urteil** herausgefordert. Schlinks Verwendung der **Täterperspektive** polarisiert: Während die einen darin einen wichtigen Beitrag zur **Erinnerungskultur und Aufarbeitung** sehen, kritisieren die anderen die **Gleichsetzung von Täter und Opfer**. In jedem Fall lässt dieser Roman den Leser nicht gleichgültig und sorgt für große Aufmerksamkeit, was auch die Verkaufszahlen belegen. *Der Vorleser*, in 35 Sprachen übersetzt, ist einer der erfolgreichsten deutschen Gegenwartsromane: Er führte lange – auch im Ausland – die Bestsellerlisten an und wurde 2008 aufwändig mit internationalen Stars verfilmt.

Auch in den Deutschunterricht hat *Der Vorleser* Einzug gehalten und steht mittlerweile in einigen Bundesländern sogar als Abiturlektüre auf den Lehrplänen. Als Schulstoff eignet er sich besonders aufgrund seines Diskussionspotenzials: Neben der zeitgeschichtlichen Dimension sind auch die Missbrauchsthematik, das Problem des Analphabetismus oder die Frage, ob man jemandem helfen muss, der sich gar nicht helfen lassen will, von Interesse. Der im ersten Teil des Romans 15-jährige Protagonist lädt Schüler aufgrund seines Alters zur Identifikation ein, sodass die Jugendlichen über seine Liebesgeschichte Zugang zu dem Roman und den darin enthaltenen Fragestellungen finden können. Zudem ist der Text sprachlich einfach zu lesen. Durch den fiktiv-autobiografischen Ansatz wird ein hohes Maß an **Authentizität** erzeugt. Spannend ist es nicht zuletzt, die Analyse der Inhalts- und der Sprachebene zu verbinden und herauszuarbeiten, wie die Lenkung des Lesers **erzähltechnisch** erzielt wird.

Doch auch nachdem man den raffinierten Plot und die geschickte Konstruktion durchschaut hat, bleiben die Fragen bezüglich **Schuld** und **Verantwortung** offen. Darauf muss jeder Leser eine eigene Antwort finden.

Leben und Werk Bernhard Schlinks

Bernhard Schlink wurde am 6. Juli 1944 bei Bielefeld als Sohn eines Theologieprofessors geboren. Zusammen mit seinen drei Geschwistern wuchs er zunächst in Mannheim und dann in Heidelberg auf. 1963 absolvierte er dort sein Abitur.

Danach hätte er gerne Geschichte und Soziologie studiert, was ihm aber von seinem Vater verboten wurde. Deswegen widmete er sich einem **Jura-Studium** in Heidelberg und Berlin und legte 1968 die erste und vier Jahre später die zweite Staatsprüfung ab. Nach einer Tätigkeit als wissenschaftlicher Assistent an verschiedenen Universitäten **promovierte** er 1975 in Heidelberg mit einer Dissertation über „Abwägung im Verfassungsrecht". Sechs Jahre später **habilitierte** er sich in Freiburg mit der Arbeit „Die Amtshilfe. Ein Beitrag zu einer Lehre der Gewaltenteilung in der Verwaltung".

In der Zeit von 1982–91 lehrte er als Professor für Öffentliches Recht in Bonn, 1991/92 dann als Professor für Öffentliches Recht, Sozialrecht und Rechtsphilosophie in Frankfurt am Main. Zudem übt er seit 1988 die Tätigkeit als **Verfassungsrichter** in Nordrhein-Westfalen aus. Da er sich für Zeitgeschichte interessierte, wollte er die Veränderungen durch die Wende aus der Nähe miterleben, wurde 1990 als Gastdozent an der Humboldt-Universität in Berlin tätig und arbeitete dort an einer Übergangsverfassung für die DDR mit. 1992, als er einen Ruf für Öffentliches Recht und Rechtsphilosophie erhielt, wechselte er dann ganz an die Humboldt-Universität Berlin. Es folgten einige Gastprofessuren im Ausland, z. B. 1993 und 1997 an der Yeshiva-University in New York.

Als Jurist schrieb Bernhard Schlink viele rechtskundliche Fach- und Lehrbücher. Aber seit seiner Kindheit verspürte er das **Interesse am literarischen Schreiben:** Bereits im Alter von acht Jahren verfasste er das Drama *Der Brudermord* über einen Streit mit seinem Bruder, und über seine erste unglückliche Liebe fertigte er ein Sonett an.[2] „Ich denke, dass Geschichten ihre Wahrheiten haben, wie Theorien ihre Wahrheit haben",[3] erläutert Schlink seine doppelte Neigung. Für die Themen, die ihn beschäftigen, muss er die passende Form suchen: den juristischen Aufsatz oder die Erzählung. „Vom Wissenschaftler werde nämlich eine Lösung von diagnostizierten Krisen verlangt, der Schriftsteller hingegen sollte die Spannung eines Problems hervorheben."[4]

1987 veröffentlichte er zusammen mit Walter Popp den **Kriminalroman** *Selbs Justiz*, der 1992 unter dem Titel *Der Tod kam als Freund* von Nico Hoffmann verfilmt wurde. Der Detektiv, ein 68-jähriger Staatsanwalt, wird darin bei seinen Ermittlungen mit der eigenen unrühmlichen NS-Vergangenheit konfrontiert. Schlinks erste eigenständige belletristische Arbeit, der Spionagethriller *Die gordische Schleife*, in dem es um die illegale Beschaffung von Konstruktionsplänen eines europäischen Kampfhubschraubers geht, erschien 1988 und wurde 1989 mit dem „Glauser-Preis" ausgezeichnet. Danach griff Schlink wieder auf den Privatdetektiv Selb zurück und brachte 1992 *Selbs Betrug* als zweiten Teil der Trilogie auf den Markt, der den Terrorismus des Deutschen Herbstes 1977 behandelt und mit dem Deutschen Krimi-Preis des Bochumer-Archivs prämiert wurde. Schlink war der Überzeugung, „der Kriminalroman mit seinen dramaturgischen Grundmustern, spannungsgeladenen Plots und fest umrissenen Prinzipien sei das einzige Genre, das noch ein breites

Publikum erreichen könne."[5] 1995 bewies er sich selbst mit dem Erscheinen des *Vorlesers* das Gegenteil: Der Roman über die Liebe eines Jungen zu einer ehemaligen KZ-Aufseherin und die damit verbundene Aufarbeitung der NS-Zeit wurde ein Welterfolg, der endgültig Schlinks schriftstellerischen Ruhm begründete. Neben zahlreichen anderen Auszeichnungen erhielt er dafür 2003 das **Bundesverdienstkreuz**. Mit seinem Kurzgeschichtenband *Liebesfluchten* aus dem Jahr 2000, der verschiedene Ausprägungen der Liebe vor zeitgeschichtlichem Hintergrund zeigt, knüpfte er an diesen Erfolg an und zeigte, dass er auch die kürzeren Erzählformen virtuos beherrscht. Im Jahr darauf verfasste er mit *Selbs Mord* den letzten Teil der Kriminal-Trilogie der Nachkriegsgeschichte. Dieses Mal ermittelt der Detektiv in der Finanzwelt und kann dabei problematische Entwicklungen in den neuen Bundesländern aufdecken.

Der Roman *Die Heimkehr* erschien 2006 und beschreibt die Suche des Protagonisten Peter Debauer nach dem Autor eines unvollständigen Heftchenromans über einen Kriegsheimkehrer aus Sibirien; dabei muss er sich nicht nur mit seiner eigenen Lebensgeschichte auseinandersetzen, sondern auch mit den Verbrechen und Tragödien des 20. Jahrhunderts. In Schlinks Roman *Das Wochenende* aus dem Jahr 2008 spielt die Zeitgeschichte ebenfalls eine wichtige Rolle: Ein ehemaliger RAF-Terrorist wird nach 20 Jahren Haft begnadigt und verbringt ein Wochenende mit seiner Schwester und Freunden, die ihm bei der Resozialisierung helfen wollen.

Schuld und Verstrickung, Sühne und Illusionen **der deutschen Geschichte des 20. Jahrhunderts** beherrschen in verschiedenen Ausprägungen das Gesamtwerk von Bernhard Schlink. Der Schriftsteller schafft es, sein juristisches Interesse für Verbrechen literarisch fruchtbar zu machen, indem er seine Rechtskenntnisse in die Romane mit einfließen lässt. Häufig sind seine Protagonisten ebenfalls Juristen. Schlinks **schnörkel-**

lose Erzählweise ist wohl durch ein juristisch-geradliniges Denken geprägt worden.

Bernhard Schlink ist Teil der Nachgeborenengeneration. Geprägt von der **Studentenbewegung**, hat für ihn die Auseinandersetzung mit der Tätergeneration im Dritten Reich eine große Rolle gespielt, was sich auch in seinem Werk niederschlägt. Auffällig ist, dass Schlink dabei die Täterperspektive verwendet. Der Gegensatz von Täter und Opfer wird bei ihm verwischt, da er die Täter in der Regel auch als Opfer zeigt. Für ihn ist die menschliche Sicht auf die Täter entscheidend. Häufig bricht die Vergangenheit durch ein unerwartetes und unvorhergesehenes Ereignis in das gegenwärtige Leben ein und lässt die Protagonisten straucheln. Diese Verwirrung greift Schlink gerne leitmotivisch auf, z. B. mit Anspielungen auf die *Odyssee* von Homer. Ein möglicher Umgang mit der Krise ist die Selbstvergewisserung durch das Schreiben.

Liebhaber einer biografischen Lesart werden in Schlinks Romanen leicht fündig. Neben den juristischen Anleihen sind häufig die Handlungsorte der Romane, z. B. Heidelberg, der realen Biografie des Autors entnommen. Ähnlichkeiten zeigen sich z. B. im *Vorleser* zudem im familiären Milieu oder der Familienkonstellation. Schlink selbst bestätigt, dass **Autobiografisches** immer in die Literatur hineinspielt: „[...] aber wenn ich ‚Roman' drauf schreibe, ist es eben Fiktion."[6]

Schlinks besonderes Verdienst ist gerade diese Verknüpfung von realen Ereignissen und zeitgeschichtlichen Fragestellungen mit einer spannenden fiktionalen Geschichte. Er hebt damit den Unterschied zwischen ernster und Unterhaltungsliteratur auf und spricht eine breite Leserschaft an, die auf diese Weise angeregt wird, sich mit den Problemen unserer Gegenwart auseinanderzusetzen.

Inhaltsangabe

Der 51-jährige Michael Berg schreibt im Jahr 1994 rückblickend über die Beziehung zur 21 Jahre älteren Hanna Schmitz. Rückblenden und Reflexionen werden dabei miteinander verknüpft.

Teil 1: Die Liaison von Michael und Hanna

Mit 15 Jahren erkrankt Michael Berg, der Ich-Erzähler, an Gelbsucht. Als er sich zu Beginn seiner **Krankheit** auf der Straße übergeben muss, leistet ihm eine Frau tatkräftig und umsichtig Hilfe, säubert ihn notdürftig und begleitet ihn nach Hause. Trotz seiner körperlichen Schwäche nimmt er ihre weiblichen Reize wahr. Da seine Mutter ihn nach seiner Genesung auffordert, sich bei der Frau zu bedanken, geht er zu ihr (1). Ihr Haus ist Michael aufgrund der imposanten Bauweise schon in seiner Kindheit aufgefallen und wird ihn nun für viele Jahre in seinen Träumen verfolgen (2). Der Junge wird in die Wohnung von Frau Schmitz geschickt, wo er sie – peinlich berührt und doch fasziniert – beim Bügeln ihrer Unterwäsche beobachtet. Ihre langsamen und konzentrierten Bewegungen beeindrucken ihn (3). Als Michael gehen will, möchte Frau Schmitz ihn ein Stück begleiten. Sie zieht sich ihre Strümpfe an, was Michael gebannt verfolgt. Dadurch erregt, rennt er verunsichert weg (4).

In der folgenden Woche bestimmen sexuelle Träume Michaels Fieberfantasien. Seine **Sehnsüchte** und körperlichen Reaktionen irritieren den Pubertierenden und sorgen für ein schlechtes Gewissen. Er versucht zwar, seine Fantasien mit den anerzogenen Moralvorstellungen zu bekämpfen, doch die Sehnsucht treibt ihn zurück zu Frau Schmitz (5). Als sie von ihrer Arbeit als Straßenbahnschaffnerin heimkehrt, hilft er ihr, Kohlen aus dem

Keller zu holen. Dabei wird er so dreckig, dass Frau Schmitz ihn badet. Als sie Michaels Begehren erkennt, **verführt sie ihn:** Die beiden schlafen miteinander (6).

Hanna (Kate Winslet) verführt Michael (David Kross); Szene aus der Verfilmung von Stephen Daldry (2008)

Sein verspätetes Erscheinen beim familiären Abendbrot erklärt Michael mit einer Ausrede. Durch seine neu erfahrene Männlichkeit fühlt er sich so gestärkt, dass er seinen Eltern mitteilt, am nächsten Tag wieder zur Schule gehen zu wollen (7). In den folgenden Tagen besucht er Frau Schmitz täglich und bemerkt ihren **Reinlichkeitswahn**. Erst nach ausgiebigem Duschen kommt es zum Beischlaf. Nach ungefähr einer Woche sprechen die beiden über ihre Vornamen. Michael ist irritiert, dass Hanna seinen Vornamen nicht auf einem seiner Hefte gelesen hat. Bei dieser Gelegenheit gesteht Michael auch, dass er die Schule schwänzt, da er voraussichtlich ohnehin sitzen bleiben wird. Empört wirft Hanna Michael hinaus und erlaubt ihm erst wiederzukommen, wenn er für die Schule gelernt hat (8). Michael arbeitet also hart und spricht auch mit Hanna über den Schulstoff. Auf ihren Wunsch beginnt er, ihr aus seiner Schullektüre vorzulesen, sodass sich zwischen den beiden während ihrer Treffen ein bestimmtes **Ritual** entwickelt: „[v]orlesen, duschen, lieben und noch ein bißchen beieinanderliegen“ (S. 43). Immer, wenn der Junge nach Einzelheiten aus ihrem Leben fragt, wie ihrer Arbeit bei Siemens oder ihrer unklaren Vergangenheit bei den Soldaten, antwortet Hanna nur sehr ausweichend und ungenau. Michael schafft schließlich doch die Versetzung (9).

Am ersten Tag der Osterferien will Michael Hanna frühmorgens bei der Arbeit in der Straßenbahn überraschen. Er wird jedoch bewusst von ihr ignoriert, weswegen er enttäuscht aussteigt und verzweifelt zurückgeht. Mittags wartet er vor ihrer Haustür. Zwischen den beiden kommt es zum **Streit**, weshalb Michael zunächst wegläuft, allerdings bald zurückkehrt und alle Schuld auf sich nimmt. Die beiden versöhnen sich, indem sie miteinander schlafen. Auch in den folgenden Wochen kapituliert Michael bei der kleinsten Zurückweisung durch Hanna, **erniedrigt sich** und wirbt um ihre Zuneigung (10).

In der Woche nach Ostern unternehmen die beiden eine viertägige **Fahrradtour**. Hanna ist zu Michaels Erstaunen im Vorfeld sehr aufgeregt. Während der Fahrt will sie von Reiseroute, Plänen und Speisekarten nichts wissen und überlässt alle Entscheidungen Michael. In einer Pension kommt es zum **Streit**. Da der Junge seine Geliebte mit einem Frühstück überraschen will, schreibt er einen Hinweiszettel und stiehlt sich leise aus dem Zimmer. Bei seiner Rückkehr findet er eine wütende Hanna vor, die geglaubt hat, er habe sie allein zurückgelassen. In ihrem Zorn schlägt sie ihn mit einem Ledergürtel und bricht dann weinend zusammen. Erneut schlafen die beiden zur **Versöhnung** miteinander. Auf Michaels Versuch, den Vorfall zu erklären und zu rechtfertigen, geht Hanna nicht ein. Der Zettel ist verschwunden. Michael entdeckt in ihrem Verhältnis eine tiefere Innigkeit, nachdem er Hannas Schwäche erlebt hat (11). Nach ihrer Rückkehr ist Michael noch eine Woche alleine zu Hause, da seine

Eltern sich im Urlaub befinden. Seine kleine Schwester hat er mit einer geklauten Jeans bestochen, die Tage bei einer Freundin zu verbringen. Als er Hanna zum Essen zu sich nach Hause einlädt, ist sie besonders fasziniert von der Bibliothek des Vaters, eines Philosophieprofessors, und tastet die Bücherregale ab. Da sie sich aber im Hause Berg wie ein Eindringling fühlt, möchte sie sofort nach dem Nachtisch nach Hause (12).

Im neuen Schuljahr besucht Michael eine gemischte Klasse. Dank seiner sexuellen Erfahrenheit kann er den Mädchen, wie z. B. seiner Banknachbarin Sophie, selbstbewusst gegenübertreten (13). Den Sommer über behalten Hanna und Michael ihr Ritual bei. Doch für Michael wird das **Zusammensein mit Gleichaltrigen** immer wichtiger, den Mittelpunkt des sozialen Lebens der Klasse bildet das Schwimmbad. An seinem Geburtstag wird er von seinen Freunden gefeiert, während Hanna, die das Geburtstagsdatum nicht kennt, später an ihm ihre schlechte Laune auslässt (14). Michael erzählt seinen Freunden nichts von seiner älteren Geliebten. Auch als Sophie ihn explizit nach seinen Sorgen fragt, schweigt er, was er selbst als **Verrat an Hanna** ansieht (15). Diese ist gereizt und scheint unter Druck zu stehen, spricht aber mit Michael nicht darüber. Die beiden unterhalten sich stattdessen über Kinofilme, die Hanna sich wahllos anschaut. Nach einem sehr intensiven Sexualakt schickt Hanna Michael zu seinen Freunden in die Badeanstalt. Später am Nachmittag entdeckt er zu seiner Überraschung dort für einen kurzen Moment auch Hanna. Bevor er sich eine passende Reaktion überlegen kann, ist sie jedoch verschwunden (16). Am nächsten Tag erfährt Michael, **dass Hanna die Stadt verlassen hat:** Sie ist ausgezogen und hat ihre Arbeitsstelle gekündigt, obwohl ihr zwei Wochen zuvor eine Ausbildung zur Fahrerin angeboten worden ist. Michael nimmt an, dass Hanna ihn verlassen hat, da er sich nicht zu ihr bekennen wollte. Er verspürt eine körperliche Sehnsucht, aber zugleich auch eine tiefe Schuld aufgrund seines Verrats (17).

Teil 2: Das Wiedersehen im Gericht

Michael hat das Abitur abgelegt und **studiert** nun aus Verlegenheit **Jura**. Da er die Erinnerung an Hanna nur verdrängt, aber nicht verarbeitet hat, und er sich nie wieder so schuldig fühlen will, gewöhnt er sich ein großspuriges Verhalten an. Neben dieser **Kaltschnäuzigkeit** entdeckt er an sich aber auch empfindsame Züge, was ihn selbst irritiert (1). Als Angehöriger der Nachkriegsgeneration beteiligt Michael sich am Prozess der Aufarbeitung der Vergangenheit. Weil es unter den Gleichaltrigen so üblich ist, verurteilt auch er seine Eltern zu Scham, obwohl sie das Dritte Reich nicht aktiv unterstützt haben. Aus Neugier besucht er ein Seminar zu einem **KZ-Prozess**. Im Gerichtssaal sieht der Student **auf der Anklagebank Hanna** wieder (2).

Bei der Vernehmung gibt sie u. a. an, 1943 von Siemens zur SS gewechselt und 1944 **in Auschwitz und danach in einem Lager bei Krakau eingesetzt** worden zu sein, bevor sie kurz vor Kriegsende mit den Gefangenen nach Westen aufgebrochen ist. Michael erschrickt über seinen Wunsch, Hanna hinter Gittern und so aus seinem Leben zu wissen. Ein junger, unerfahrener Anwalt versucht mit großem Eifer, sie zu verteidigen, scheitert aber mit seinem Antrag, den Haftbefehl aufzuheben (3). Michael nimmt nun täglich an dem Prozess teil. Bei Hannas Anblick fühlt er jedoch nichts, sodass er auf eine innere Betäubung schließt. Diesen seltsamen fühllosen Zustand glaubt er ebenfalls in den Berichten von überlebenden Opfern zu erkennen, aber auch bei den Staatsanwälten, Richtern und Schöffen und sogar bei den Angeklagten. Die **ständige Beschäftigung mit dem Grauen** stumpft die Prozessbeteiligten offenbar ab. Zugleich stellt sich für den Studenten die Frage nach dem richtigen Umgang mit der Vergangenheit, danach, ob die Nachgeborenen angesichts der nationalsozialistischen Gräueltaten vor Scham und Schuld besser schweigen sollten (4). In der zweiten Prozesswoche wird die **Anklage** verlesen: Zum einen haben die Beschuldigten jeden Monat aus ihrem Lager, in dem Frauen interniert waren, die in einer Munitionsfabrik arbeiten mussten, rund 60 kranke und schwache Gefangene selektiert. Diese Arbeitsunfähigen wurden nach Auschwitz in den Tod geschickt. Zum anderen sollen die Angeklagten während ihres Marsches nach Westen die Gefangenen in eine Kirche gesperrt und die Türen nach einem Bombenangriff nicht geöffnet haben, sodass bis auf zwei Überlebende, eine Mutter mit ihrer Tochter, alle Gefangenen verbrannt sind (5). **Hannas Forderungen, die Anklage zu korrigieren**, werden mit dem Hinweis auf vorab zugestellte schriftliche Vorlagen und von ihr bereits unterschriebene Protokolle abgelehnt. Sie bemüht sich im Prozess, alles richtig zu machen, jedoch **fehlt ihr das Gefühl für den Kontext** (6). Obwohl die Beweislage für die Angeklagten mangels eindeutiger Zeugenaussagen günstig ist, gibt Hanna ihre Taten offen zu, sodass die anderen Angeklagten ihre Verteidigungsstrategie ändern und nun Hanna die Schuld an allem geben. Dabei erinnert sich die überlebende Tochter daran, dass Hanna im Lager immer ihre Lieblinge gehabt habe, zarte und schwächliche Frauen, die von ihr bevorzugt worden seien und Hanna dafür abends heimlich vorgelesen hätten (7). Aus dem von der Tochter verfassten Buch wird ersichtlich, dass Mutter und Tochter die Bombennacht nur überlebt haben, weil sie sich auf eine Empore in der Kirche flüchteten, um Abstand zu den anderen panischen Frauen zu gewinnen (8).

Der Vorsitzende Richter fragt jede Angeklagte, warum sie die Kirchentüren nicht aufgeschlossen hätten. Einem SS-Bericht zufolge blieben Aufseherinnen, darunter die Angeklagten, zurück, um die Gefangenen zu bewachen. Daraufhin entgegnen die Angeklagten, der Bericht aus den SS-Akten sei falsch, Hanna habe ihn geschrieben. Diese **versucht, die Situation ehrlich zu schildern**, und beschreibt ihre damalige Rat- und Hilflosigkeit. Die Aufseherinnen hatten befürchtet, die Kontrolle über die Gefangenen zu verlieren, sofern sie diese aus den Flammen gerettet hätten. Sie bestätigt das gemeinsame Überlegen vor dem Abfassen des Berichts, streitet jedoch ab, ihn geschrieben zu haben. Erst **nach Androhung einer Schriftprobe gesteht sie** (9).

Jura-Student Michael (David Kross) und der Professor seines Seminars (Bruno Ganz); Szene aus der Verfilmung von Stephen Daldry (2008)

Michael wird bei einem Spaziergang im Wald blitzartig klar, dass Hanna gar nicht lesen und schreiben kann. Sie ist **Analphabetin** und versucht mit aller Kraft, diese Schwäche zu vertuschen. Er erkennt, dass Hanna damals nicht seinetwegen, sondern aus Angst vor einer möglichen Bloßstellung bei der Straßenbahn die Stadt verlassen hat. Aber er fühlt sich dennoch schuldig – nun allerdings, weil er eine Verbrecherin geliebt hat (10). Im Prozess könnte Michael dem Vorsitzenden Richter von Hannas Analphabetismus erzählen, um ihr Strafmaß zu mindern. Aber Hanna vermeidet diese Bloßstellung und Michael fragt sich, ob er als Außenstehender das **Recht** hat, **ihr „Handicap" bekannt zu machen** (11). So erörtert er mit seinem Vater, inwiefern eine Person verpflichtet und befugt ist, über oder für eine andere zu entscheiden. Als Philosoph betont der Vater die menschliche Würde und Entscheidungsfreiheit, verweist aber auch darauf, dass man versuchen müsse, dem anderen durch ein Gespräch die Augen zu öffnen. Michael weiß allerdings nicht, wie er mit Hanna reden soll (12).

Im Juni fliegt das Gericht für zwei Wochen nach Israel. Michael will sich während dieser Zeit auf sein Studium konzentrieren, was ihm aufgrund der Bilder in seinem Kopf aber nicht gelingt. Er versucht, sich Hanna in den verschiedenen Situationen – bei ihrer Tätigkeit im Lager, beim Zurückschicken ihrer Vorleserinnen nach Auschwitz und beim Kirchenbrand – vorzustellen und vermischt dabei Bilder der Geliebten mit denjenigen der grausamen Aufseherin (13). Da ihm das **Anschauungsmaterial fehlt**, beschließt Michael, zu einem **Konzentrationslager, dem Struthof** im Elsass, zu trampen. Während der Fahrt unterhält er sich mit dem Fahrer darüber, weswegen Menschen in der Lage sind, so grauenhafte Dinge zu tun. Provokant verweist der Fahrer Michael auf die Gleichgültigkeit eines Henkers, der nur sein Tagwerk erledigt. Er berichtet von einer Fotografie, auf der ein Offizier, zufrieden eine Zigarette rauchend, über einer Reihe nackter Juden sitzt, die nach und nach erschossen werden. Als Michael fragt, ob der Fahrer selbst jener Offizier gewesen sei, erbleicht dieser und wirft den Studenten hinaus (14). Michael fährt einige Zeit später noch einmal zum Struthof und erinnert sich während eines Mittagessens an seinen ersten Besuch. Obwohl er versucht, sich das Leben im KZ vorzustellen, gelingt es ihm nicht. In einem Gasthof hat er eine seltsame Begegnung mit den Dorfbewohnern, die einen einbeinigen Mann mit Zigarettenkippen bewerfen. Als Michael sich einschaltet, machen sie sich gemeinsam mit dem humpelnden Mann über ihn lustig.

Michael leidet in dieser Nacht unter großen Angstzuständen. Er sieht keinen Ausweg, da er **Hanna nicht gleichzeitig verstehen und verurteilen kann** (15). Schließlich sucht er doch den

Vorsitzenden Richter auf, spricht mit ihm allerdings nicht über Hanna. Stattdessen beantwortet er nur die Fragen des Richters zum Prozess und zu seinem Studium. Die Betäubung, die er während der Gerichtsverhandlung empfunden hat, legt sich über Michaels Gefühle und Gedanken der letzten Wochen und ermöglicht es ihm weiterzuleben (16). Ende Juni wird das Urteil verkündet: Hanna erhält eine **lebenslängliche Freiheitsstrafe** (17).

Teil 3: Das Leben nach dem Prozess

Nach dem Prozess hält Michaels geistige **Betäubung** weiter an und steigert sich bis hin zu einer körperlichen Gefühllosigkeit. Da Michael sich bei einem Skiurlaub ungeschützt der Kälte ausgesetzt hat, wird er mit hohem Fieber in ein Krankenhaus eingeliefert, und der Schmerz bricht wieder auf. Als Referendar an der Universität erlebt Michael die **Studentenbewegung** mit, die die Aufarbeitung von Deutschlands NS-Vergangenheit fordert, **distanziert sich** aber, da er sich wegen seiner Liebe zu Hanna schuldig fühlt (1).

Gertrud, eine Juristin, die er im Skiurlaub kennengelernt hat, wird seine Frau. Mit ihr hat er eine Tochter, Julia. Die **Ehe scheitert** nach fünf Jahren, da Michael nicht aufhören kann, Gertrud mit Hanna zu vergleichen. Auch seine folgenden Beziehungen halten dem Vergleich nicht stand (2).

Während seines zweiten Examens stirbt der Professor, der das KZ-Seminar geleitet hat. Trotz anfänglichen Widerwillens fährt Michael zur Beerdigung. Dort trifft er auf einen anderen ehemaligen Seminar-Teilnehmer, der ihn auf den Prozess und auf Hanna anspricht, die Michael während der Verhandlung unablässig angestarrt habe. Dieser weicht jedoch aus (3).

Nach dem Referendariat entscheidet Michael sich nach langem Zögern für einen wissenschaftlichen **Posten in der Rechtsgeschichte**, da er aufgrund seiner Erfahrungen im KZ-Prozess alle Rollen bei Gericht ablehnt. Gertrud wertet dies als Flucht vor der Verantwortung. Aber Michael will Brücken zwischen

Vergangenheit und Gegenwart schlagen und beschäftigt sich mit dem Recht im Dritten Reich, um den Blick der Gegenwart dafür zu schärfen (4).

Nach seiner Trennung von Gertrud beginnt er, Hanna in ihrem achten Gefängnisjahr **Kassetten** ins Gefängnis zu schicken, auf denen er ihr vorliest. Dabei fängt er mit der *Odyssee* an, ergänzt andere bildungsbürgerliche Texte und nimmt schließlich auch eigene Schriften auf (5). Nach vier Jahren antwortet Hanna mit einem **kleinen, ungelenken handschriftlichen Gruß**. Michael beurteilt Hannas Alphabetisierung als aufklärerischen Schritt zur Mündigkeit. Er schreibt ihr aber nicht, sondern schickt weiterhin kommentar- und grußlos Kassetten (6).

Im 17. Jahr von Hannas Gefangenschaft erhält Michael einen Brief der Gefängnisleiterin, in dem sie Michael auf **Hannas Entlassung** im kommenden Jahr hinweist. Sie bittet ihn um Hilfe bei Hannas Resozialisierung und fordert einen Besuch. Michael **veranlasst alle notwendigen Maßnahmen**, organisiert für sie eine Wohnung sowie eine Arbeit bei einem Schneider, schiebt aber den Besuch im Gefängnis so lange vor sich her, bis die Leiterin ihn eine Woche vor der Entlassung anruft (7).

Bei seinem Besuch in der Haftanstalt sieht er Hanna wieder, die inzwischen stark gealtert ist und einen ungepflegten Eindruck macht. Das folgende Gespräch thematisiert Hannas Entlassung, aber auch ihren Umgang mit der nationalsozialistischen Vergangenheit: Laut Hanna können nicht die Lebenden, sondern nur die Toten Rechenschaft von ihr fordern. Die Unterhaltung überspielt nur mühsam **beider Fremdheit** und die Umarmung zum Abschied fühlt sich für Michael nicht richtig an (8).

In der kommenden Woche wird Michael von Unruhe geplagt. Wieder quälen ihn **Fragen der Schuld und Verantwortung**, er spürt, dass Hanna ihm Rechenschaft schuldig sei. Für ihre Entlassung bereitet er alles vor, telefoniert auch noch einmal mit ihr (9). Doch am nächsten Morgen **hat Hanna sich erhängt**.

Michael besichtigt ihre Gefängniszelle und entdeckt dort KZ-Literatur, sowohl aus der Opfer- als auch aus der Täterperspektive. Die Gefängnisleiterin berichtet, dass Hanna mithilfe von Michaels Kassetten lesen gelernt und dann bewusst Bücher über Konzentrationslager bestellt hat. Außerdem hängen über ihrem Bett kleine Meldungen, Gedichte und ein Foto von Michaels Abiturfeier. Ihr **Testament** hat sie in einer Teedose aufbewahrt: Michael soll der Tochter, die den Kirchenbrand überlebt hat, 7 000 DM überbringen. Auf seinen Wunsch hin wird ihm Hannas Leiche gezeigt, in deren Zügen er die junge, geliebte Frau wiedererkennt (10).

Erst im Herbst fährt Michael anlässlich einer Tagung zu der Tochter nach **New York**. Diese, überrascht von Michaels Besuch, weigert sich, Hanna die Absolution zu erteilen. Sie durchschaut das Verhältnis von Michael und Hanna und begreift, was Hanna ihm als Minderjährigem angetan hat. Daher schlägt sie vor, nur die Teedose zu behalten, da sie einer von ihr im Lager verlorenen Dose gleicht. Das Geld jedoch soll Michael einer gemeinnützigen Stiftung gegen Analphabetismus spenden (11). Mit dem Dankesbrief einer solchen jüdischen Organisation fährt er zu Hannas Grab, das er danach nie wieder besuchen wird.

Nachdem ihn zehn Jahre lang immer wieder die Fragen nach Schuld und Verantwortung gequält haben, beschließt Michael, seine **Geschichte aufzuschreiben:** zunächst, um sie loszuwerden, dann, um sie zurückzuholen und schließlich, um seinen Frieden damit zu machen. Aber er muss sich damit abfinden, dass ihn die Erinnerungen und so auch die Schuldgefühle und der Schmerz immer wieder einholen (12).

Textanalyse und Interpretation

1 Figuren

Michael Berg stellt rückblickend über seine Beziehung zu der 21 Jahre älteren Hanna Schmitz fest: „Wir hatten **keine gemeinsame Lebenswelt**, sondern sie gab mir in ihrem Leben den Platz, den sie mir geben wollte" (S. 75). Ihre Lebenswelten besitzen keine Schnittmenge und berühren sich erst mit ihrem zufälligen Zusammentreffen. Ihre daraus entstehende Beziehung erfährt eine Wende durch ihr wiederum zufälliges Wiedersehen vor Gericht. Im Kern sind aber sowohl ihre Biografien als auch die Art ihrer Beziehungen zu anderen Menschen grundverschieden.

Michael Berg und seine Lebenswelt

Michael Berg ist das dritte von vier Kindern einer **bildungsbürgerlichen Familie**, in der viel Wert auf das gemeinsame Gespräch gelegt wird (vgl. S. 55). Sie wohnt in einer geräumigen Wohnung mit Bibliothek. Sein **Vater** hat während der NS-Zeit aufgrund einer Ankündigung einer Vorlesung über den jüdischen Philosophen Spinoza seine Dozentenstelle verloren und die Familie als Lektor eines Verlages für Wanderkarten durch den Krieg gebracht (vgl. S. 88). Nach dem Krieg ist er Professor für Philosophie geworden. Für ihn steht nicht die Familie im Vordergrund, sondern „Denken war sein Leben" (S. 31). Seinen Kindern gibt er für Gespräche Termine wie seinen Studenten (S. 134). Michael hätte es gerne gesehen, „daß wir, seine Familie, sein Leben gewesen wären" (S. 31), stattdessen beschleicht ihn das Gefühl, die Familienmitglieder seien für seinen Vater „wie Haustiere" (ebd.).

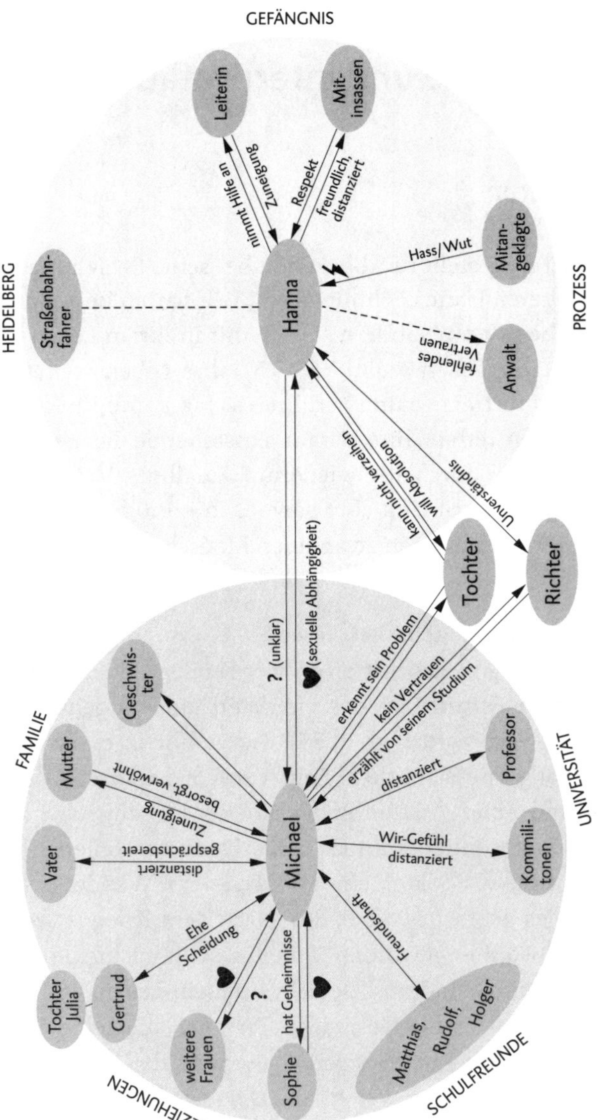

„Wir hatten keine gemeinsame Lebenswelt, sondern sie gab mir in ihrem Leben den Platz, den sie mir geben wollte." (S. 75)

Von seiner **Mutter**, die sich um den Haushalt kümmert, wird er eher umsorgt. Sie pflegt ihn während seiner Krankheit. Bereits als Vierjährigen hat sie ihn verwöhnt, hat ihn vor dem warmen Herd gewaschen und angekleidet. Dieser wohlige Eindruck ist eine der bleibenden Kindheitserinnerungen Michaels und spielt für das Ritual des Badens in seiner späteren Beziehung zu Hanna eine wichtige Rolle.

Die Informationen über Michaels drei Geschwister – zwei Schwestern und ein Bruder, zu dem er in einem Rivalitätsverhältnis steht (vgl. S. 30) – sind spärlich und lassen keine starken emotionalen Bindungen erkennen.

Insgesamt liebt der Protagonist seine Familie, auch wenn er sie manchmal „lieber anders gehabt" hätte (S. 31). Michael ist zu Beginn des Romans fünfzehn Jahre alt, also mitten in der **Pubertät** und auf der Suche nach seiner eigenen Identität. In Bezug auf seine Familie sieht er sich als „noch da und schon weg" (S. 32). Er hat Heimweh nach den Eltern und den Geschwistern und gleichzeitig Sehnsucht, bei seiner Geliebten zu sein (vgl. ebd.). Das Ausbalancieren von Nähe und Distanz gegenüber der Familie ist Teil des alterstypischen Ablösungsprozesses.

Auch sein **Aussehen** ist durch den körperlichen Entwicklungsprozess bestimmt: Ihm fehlen die rechten Proportionen. Für die Koordination seiner Bewegungen glaubt er zu lange Arme und Beine zu haben (vgl. S. 39). Er trägt die eleganten Anzüge seines Onkels und verschiedene zweifarbige Lederschuhe. Seine Brille ist ein billiges Kassenmodell und sein Haar trotz aller Anstrengungen „ein zauser Mop" (ebd.).

Obwohl körperlich unbeholfen, beginnt er sich für die eigene **Sexualität** zu interessieren. Dabei geraten seine erotischen Bedürfnisse mit der moralischen Strenge seiner Erziehung in Konflikt, was ihm ein schlechtes Gewissen verursacht (vgl. S. 20). Trotzdem geht er zurück zu Hanna Schmitz, die ihn erotisch derart anzieht. Dabei erkennt Michael, dass Entscheidungen und

Handeln eigenständige Dinge sind, die nicht unbedingt logisch aufeinanderfolgen müssen (vgl. S. 21 f.).

In der **Beziehung zu Hanna** gerät Michael in eine sexuelle Abhängigkeit, die man durchaus als **Hörigkeit** bezeichnen kann. Aufgrund des Altersunterschiedes bzw. Michaels Minderjährigkeit und Unreife handelt es sich um Missbrauch. Um von der älteren Frau geliebt zu werden, erniedrigt der Junge sich selbst: So gibt er z. B. Fehler zu, die er gar nicht begangen hat (vgl. S. 50). Bezeichnenderweise wird Michael im Roman bereits in einer schwachen Position eingeführt: Er bricht aufgrund seiner Krankheit auf der Straße zusammen und muss sich von Hanna helfen lassen (vgl. S. 5 ff.). Diese kann sehr liebevoll sein, was sich z. B. in ihren Kosenamen für Michael ausdrückt: Jungchen, Kröte, Welpe, Kiesel, Rose (vgl. S. 68). Sie zeigt aber auch grausame Züge, z. B. wenn sie Michael in Amorbach schlägt (vgl. S. 54 ff.). Emotional wird Michael von ihr auf Distanz gehalten. Insgesamt zeichnet sich die Beziehung der beiden durch eine starke Körperlichkeit aus. Er versucht, „von ihr Besitz zu ergreifen", aber ganz lernt er es nie (vgl. S. 34).

Dennoch gewinnt Michael durch die Begegnung mit Hanna an Selbstständigkeit (vgl. S. 58) und kann seine Selbstzweifel reduzieren. Er fühlt sich in seinem Körper wohl (vgl. S. 41), was sich positiv auf sein **Verhalten in der Schule** auswirkt. Er hat zunächst die Untersekunda (zehnte Klasse) besucht und sich dort selbst als unauffälligen Schüler gesehen, den die Lehrer nicht recht wahrgenommen haben (vgl. S. 39). Doch durch sein neues Selbstbewusstsein fällt ihm das Arbeiten leichter, sodass er trotz monatelangen Fehlens die Versetzung in die Obersekunda (elfte Klasse) schafft (vgl. S. 58), was für eine gewisse Intelligenz spricht. Sowohl das Abitur als auch das Studium bewältigt er problemlos (vgl. S. 84). In der Obersekunda kommt Michael in eine gemischte Klasse. Seine neue Sicherheit lässt ihn dort sowohl bei den Jungen als auch bei den Mädchen gut ankommen (vgl. S. 64): Matthias, Rudolf Bargen, Holger Schlüter und Sophie werden seine **Freunde**, mit denen er neben der Schule auch viel Zeit im Freibad verbringt. Insbesondere mit Sophie, mit der er später eine Affäre haben wird, verbindet ihn ein inniges Verhältnis. Trotzdem verheimlicht er auch vor ihr seine Beziehung zu Hanna. Wegen dieses Verrats quält sich der Protagonist mit Schuldgefühlen und sieht sich selbst für Hannas Weggang verantwortlich. Um mit der vermeintlichen Schuld zurechtzukommen, entwickelt Michael ein großspuriges Gehabe, das aber durch Kleinigkeiten ins Wanken gerät. „Dieses Nebeneinander von Kaltschnäuzigkeit und Empfindsamkeit war [ihm] selbst suspekt“ (S. 85).

Nach seiner Enttäuschung durch Hanna fällt es ihm schwer, die Distanz zu anderen Menschen aufzugeben. So halten ihn auch seine Kommilitonen während seines Jura-Studiums für distanziert und arrogant (vgl. S. 89), obwohl er unbedingt dazugehören möchte. Als **Vertreter der zweiten Generation**, wie man die Kinder der Kriegsgeneration auch bezeichnet, verbindet ihn mit den anderen Studenten ein starkes Wir-Gefühl: „Wir Studenten des Seminars sahen uns als Avantgarde der Aufarbeitung“ (S. 87). Durch den Besuch des Prozess-Seminars hat Michael während der Wintermonate „das gute Gefühl, dazuzugehören“ (S. 89) und mit sich im Reinen zu sein. Dies ändert sich allerdings, als er im Frühjahr Hanna vor Gericht wiedersieht. Zum einen ist er so gebannt, dass er nun jeden Tag im Gerichtssaal verbringt. Zum anderen will er Hanna verurteilt wissen, sie „raus aus [s]einer Welt, raus aus [s]einem Leben“ und „weit weg [...] haben“ (vgl. S. 93). Michael distanziert sich von Hanna als Verbrecherin, betrachtet sich aber gleichzeitig als mitschuldig, da er sie geliebt hat: „Ich mußte eigentlich auf Hanna zeigen. Aber der Fingerzeig auf Hanna wies auf mich zurück“ (S. 162). Dadurch hebt er sich von der Gruppe der Studenten ab und gerät in eine Sonderrolle. Insbesondere als er von ihren Vorleserinnen erfährt und ihren Analphabetismus entdeckt, wird er vom „Zuschauer“ zum „Teilnehmer [...], Mitspieler und Mitentscheider“ (vgl. S. 131) und könnte nun aktiv eingreifen. Allerdings ist er dafür zu unsicher. Zwar sucht er in einem abstrakten Gespräch mit seinem Vater Rat, lässt seinen Besuch beim Vorsitzenden Richter dann aber verstreichen, ohne einzugreifen.

Mit Hanna selbst will bzw. kann er nicht sprechen. Zu tief sitzen die Verletzungen, die sich auch auf sein weiteres **Beziehungsleben** auswirken: Michael ist bindungsunfähig geworden. Nach Hanna will er „niemanden mehr so lieben, daß ihn verlieren weh tut“ (S. 84). Seine Ehe mit Gertrud, einer Juristin, wird geschieden, als seine Tochter Julia fünf Jahre alt ist. Auch seine anschließenden Liebschaften mit Helen, Gesina, Hilke und anderen scheitern, da die Frauen dem Vergleich mit Hanna nicht standhalten. Für Michael muss sich eine Frau „ein bißchen wie Hanna anfassen und anfühlen, ein bißchen wie sie riechen und schmecken“ (S. 165 f.).

Seine **Berufswahl** wird ebenfalls indirekt durch seine Erlebnisse mit Hanna bestimmt: Er kann sich selbst in keiner der Rollen vorstellen, in denen er Juristen bei Hannas Prozess erlebt hat (vgl. S. 171). So greift er schließlich zu, als ihm ein Posten für Rechtsgeschichte an der Universität angeboten wird, was von Gertrud als Flucht ausgelegt wird. Aber für Michael ist „Flucht nicht nur weglaufen, sondern auch ankommen“ (S. 172). Er forscht als Professor z. B. über das Recht im Dritten Reich und kann so zwischen Vergangenheit und Gegenwart Brücken bauen.

Während Hannas Gefängnisaufenthalt bestimmt er die Beziehung der beiden. Das Kräfteverhältnis hat sich umgekehrt. Er schickt ihr mit fremden und eigenen literarischen Texten besprochene Kassetten, antwortet aber nicht auf ihre Briefe. Rückblickend erkennt er selbst: „Ich hatte Hanna eine kleine Nische zugebilligt, durchaus eine Nische, die mir wichtig war, die mir etwas gab und für die ich etwas tat, aber keinen Platz in meinem

Leben" (S. 187). Aber selbst nach ihrem Tod kann er nicht mit der Beziehung abschließen. Erst das New Yorker Gespräch mit der Tochter, der er Hannas Erbe bringen soll, hat reinigende Kraft. Michael bekennt sich zum ersten Mal zu seiner Beziehung mit Hanna, was für ihn befreiend wirkt. Er wird aktiv, findet für Hannas Erbe eine gelungene Lösung und kann auch mit seiner Geschichte seinen Frieden machen, indem er sie zehn Jahre später aufschreibt. Obwohl Michaels ganzes Leben immer wieder von der Beziehung zu Hanna beeinflusst wird, zeigt ein Blick auf die Figurenkonstellation, wie wenig Berührungspunkte es in ihrer beider Leben gibt: Neben dem Richter und der Gefängnisleiterin ist die Tochter die einzige Person, die sowohl mit Hanna als auch mit Michael direkten Kontakt hat.

Hanna Schmitz und ihre Lebenswelt

Hanna Schmitz ist eine Vertreterin der **ersten Generation** und gehört zu den Tätern im Dritten Reich. Sie ist am 21. Oktober 1922 bei Hermannstadt in Siebenbürgen geboren. Genaueres erfährt der Leser über ihre Herkunft nicht. Auf Michaels Fragen nach ihrer Familie antwortet sie nur: „Was du alles wissen willst, Jungchen!" (S. 40) Vieles spricht für eine bildungsferne Schicht, da sie **Analphabetin** ist, also weder lesen noch schreiben kann. Das wiederum bestimmt ihre **Berufswahl** stark.

Mit siebzehn ist sie nach Berlin gekommen und hat bei Siemens gearbeitet (vgl. ebd.). Als sie 1943 aufgrund ihres Analphabetismus die Aufstiegsmöglichkeit zur Vorarbeiterin umgehen will, meldet sie sich zur SS und arbeitet als Aufseherin in einem KZ bei Auschwitz und ab dem Frühjahr 1944 in einem Lager bei Krakau. Ihr Name „Hanna", der jüdischen Ursprungs ist, bildet dabei einen seltsamen Kontrast zu ihrer Tätigkeit. Passender wirken Michaels spätere Vorschläge für Kosenamen, wie z. B. „Cheval", „Hottehüh", „Equinchen" oder „Bukeffelchen" (vgl. S. 69). Sie assoziieren Hanna mit einem Pferd (vgl. auch S. 115) und bilden so eine Verbindung zu der realen Person der „**Stute von Majdanek**“, die für die Romanfigur als Vorlage gedient haben könnte (vgl. *Interpretationshilfe*, S. 33 ff.).

Nach dem Kriegsende hält sich Hanna an mehreren Orten auf (vgl. S. 92) und schlägt sich mit verschiedenen Jobs durch (vgl. S. 40), bis sie 1950 in Michaels Heimatstadt Straßenbahnschaffnerin wird. An dem Beruf mag sie „die Uniform und die Bewegung, den Wechsel der Bilder und das Rollen unter den Füßen“ (S. 40). Nur in diesem beruflichen Zusammenhang wird sie im ersten Teil des Romans im Gespräch mit einer anderen Person gezeigt, nämlich mit dem **Fahrer der Straßenbahn** (vgl. S. 45 f.). Ihre Vergangenheit lässt sie ruhen, sie spricht nicht darüber. Nur sehr oberflächlich antwortet sie auf Michaels Fragen und erzählt, „als sei es nicht ihr Leben, sondern das Leben eines anderen, den sie nicht gut kennt und der sie nichts angeht“ (S. 40). Sie scheint sich in das Innere ihres Körpers zurückgezogen zu haben, „diesen sich selbst und seinem eigenen, von keinem Befehl des Kopfs gestörten ruhigen Rhythmus überlassen und die äußere Welt vergessen zu haben“ (S. 17). Ihre **Weltvergessenheit** zeigt sich auch in ihren Haltungen und Bewegungen bei der Verrichtung von Alltagsdingen, z. B. beim Bügeln (vgl. S. 14) oder beim Anziehen ihrer Strümpfe (vgl. S. 18). Hanna kokettiert nicht. Sie beeindruckt Michael durch diese indirekte Einladung, „im Inneren des Körpers die Welt zu vergessen“ (ebd.).

Kate Winslet als Hanna Schmitz, Szene aus der Verfilmung von 2008

Hanna hat einen „sehr kräftigen und sehr weiblichen Körper“ (S. 17), einen breiten Rücken und kräftige Arme (vgl. S. 91). Ihr Haar ist aschblond und wird im Nacken durch eine Spange zusammengehalten (vgl. S. 14). Während des Prozesses trägt sie es zu einem Knoten geschlungen, was Michael fremd erscheint (vgl. S. 91). Ihr Gesicht wirkt „großflächig, herb, fraulich“ (S. 14): „Hohe Stirn, hohe Backenknochen, blaßblaue Augen, volle, ohne Einbuchtung gleichmäßig geschwungene Lippen, kräftiges Kinn“ (ebd.). Ein unveränderliches Kennzeichen ist ein Muttermal an der linken oberen Schulter (vgl. S. 96). Ihren Körper pflegt Hanna sehr: „Sie war von peinlicher Sauberkeit“ (S. 33). So besteht sie auf dem Säubern vor dem gemeinsamen Liebesritual. Dieser Waschzwang kann als ihr Bedürfnis interpretiert werden, sich von ihrer Schuld reinzuwaschen.

Wenn Hanna **liebevoll** zu Michael ist, ihn streichelt oder liebkost, fällt es schwer, sich hinter diesem **Verhalten** die KZ-Aufseherin vorzustellen, die **grausam und unbeherrscht** ist (vgl. S. 115). Aber in einigen Situationen bröckelt die Fassade und Hannas gewalttätige Seite kommt zum Vorschein, z. B. als sie Michael bei ihrem Streit in Amorbach mit dem Gürtel schlägt (vgl. S. 54 f.). In Krisensituationen beschreibt der Protagonist sie als kalt (vgl. S. 47), auch wenn er vermutet, sie leide „selbst unter ihrem Erkalten und Erstarren“ (S. 50). Vor ihrem Fortgehen ist Hanna tagelang in einer eigenartigen Verfassung gewesen, „launisch und herrisch und zugleich spürbar unter einem Druck […], sie hielt sich zusammen, als müsse sie verhindern, unter dem Druck zu zerspringen“ (S. 76). Der Erzähler spürt trotz seiner Zurückweisung auch ihre Hilflosigkeit. So lässt sich ihre Härte als Kompensation ihres Defizits verstehen: Sie versucht mit aller Kraft, ihren Analphabetismus zu verstecken, und gerät außer sich, wenn er entdeckt zu werden droht. Der Analphabetismus lässt sie nicht nur als Täterin, sondern auch als Opfer erscheinen. In einem fremden Umfeld wird Hanna wegen ihrer Schwäche unsicher, wie z. B. in der Bibliothek von Michaels Vaters (vgl. S. 60 ff.), wo sie schließlich wegläuft. Auch der Beförderung bei der Bahn entzieht sie sich und vor Gericht flieht sie, indem sie zugibt, den belastenden Bericht geschrieben zu haben (vgl. S. 124). Rückblickend erscheint Michael Hannas ganzes Leben als ein einziger Kampf, der vor Gericht seinen Höhepunkt erlebt:

> *Sie verfolgte nicht ihr Interesse, sondern kämpfte um ihre Wahrheit, ihre Gerechtigkeit. Es waren, weil sie sich immer ein bißchen verstellen mußte, weil sie nie ganz offen, nie ganz sie selbst sein konnte, eine klägliche Wahrheit und eine klägliche Gerechtigkeit, aber es waren ihre, und der Kampf darum war ihr Kampf.* (S. 128)

Im **Prozess** will sie zunächst alles richtig machen, hat aber „kein Gefühl für den Kontext, für die Regeln, nach denen gespielt" wird (S. 105). Sie und die anderen Frauen sind zum einen angeklagt, jeden Monat aus ihrem Lager rund 60 Frauen nach Auschwitz in den Tod geschickt zu haben. Zum anderen haben sie während ihres Zuges nach Westen bis auf zwei Überlebende alle Gefangenen nach einem Bombenangriff in einer Kirche verbrennen lassen (vgl. S. 101 ff.). Hannas **Anwalt** ist ein junger Verteidiger „von einem hastigen Eifer" (S. 92), der nicht genug Erfahrung besitzt, um Hanna zu helfen. Erschwerend kommt hinzu, dass Hanna ihm nicht vertraut (vgl. S. 105 f.). Während des Prozesses redet sie kaum mit ihm (vgl. S. 95), sodass die **anderen Angeklagten** leichtes Spiel haben. Diese ärgern sich über Hannas Distanz und vor allem über ihre Bereitwilligkeit, die Taten zuzugeben (vgl. S. 109). Daher versuchen sie, ihr die gesamte Verantwortung zuzuschieben und behaupten, sie habe den Bericht über die Bombennacht geschrieben. Den **Richter** hingegen erbost Hannas Beharrlichkeit zu widersprechen. Auf ihre Frage, was er denn an ihrer Stelle gemacht hätte, antwortet er nur mit einer allgemeinen Aussage, ohne sich konkret mit

Hannas Situation zu beschäftigen (vgl. S. 107). Zu keinem der am Prozess Beteiligten hat Hanna eine intensive Beziehung. Auch zu Michael schaut sie sich nur einmal um, als die Rede von ihren Vorleserinnen ist (vgl. S. 112). Wieder zieht sie sich in sich selbst zurück und erträgt auch die Urteilsverkündung, bei der sie durch ihr an eine SS-Uniform erinnerndes Kostüm die Anwesenden provoziert, stoisch, ohne dabei jemanden sehen zu wollen: „Ein hochmütiger, verletzter, verlorener und unendlich müder Blick“ (S. 157).

Sie selbst erklärt ihr Verhalten später so: „Ich hatte immer das Gefühl, daß mich ohnehin keiner versteht, daß keiner weiß, wer ich bin und was mich hierzu und dazu gebracht hat. Und weißt du, wenn keiner dich versteht, dann kann auch keiner Rechenschaft von dir fordern“ (S. 187). Während ihrer **Haftstrafe** setzt Hanna sich mit ihrer Vergangenheit auseinander und lässt die Toten Rechenschaft fordern. Ein wichtiger Schritt ist dabei ihre Alphabetisierung. Mithilfe von Michaels Kassetten lernt sie lesen und dann auch schreiben, was Michael als Entwicklung von Unmündigkeit zu Mündigkeit und damit als aufklärerischen Schritt wertet (vgl. S. 178). Über die **Gefängnisleiterin**, mit der sie ein Verhältnis der gegenseitigen – wenn auch distanzierten – Wertschätzung verbindet, besorgt sie sich KZ-Literatur, sowohl aus der Opferperspektive (Primo Levi, Elie Wiesel etc.) als auch aus Tätersicht (Aufzeichnungen von Rudolf Höss, Werke über Eichmann etc.), ergänzt durch wissenschaftliche Literatur über Konzentrationslager. Durch diese Lektüre stellt sie sich ihrer Schuld und zieht sich daraufhin noch weiter in sich zurück.

> *Eigentlich war es, als hätte der Rückzug ins Kloster nicht mehr genügt, als gehe es selbst im Kloster noch zu gesellig und geschwätzig zu und als müsse sie sich daher weiter zurückziehen, in eine einsame Klause, in der einen niemand mehr sieht und Aussehen, Kleidung und Geruch keine Bedeutung mehr haben.* (S. 196)

Hanna hört auf, sich zu waschen und auf ihr Äußeres zu achten. Die **Aufgabe ihres Waschzwangs** kann als Einsicht in ihre Schuld gesehen werden. Die anderen Gefängnisinsassen, zu denen sie sich freundlich-distanziert verhält, haben sie bisher als Autorität betrachtet und ihre Entscheidungen akzeptiert (vgl. S. 196). Mit ihrer körperlichen Veränderung und ihrer neuen Nachlässigkeit verliert sie jedoch diese Führungsrolle, sie kann die anderen Frauen nun nicht länger beeindrucken. Aber das ist für Hanna nicht mehr entscheidend.

Ihr letztes Geld will sie der Tochter, die den Kirchenbrand überlebt hat, vermachen. Michael lässt sie in ihrem Abschiedsbrief grüßen. Sie verzichtet auf ein Leben in Freiheit, was ihr durch die Bewilligung ihres Gnadengesuchs bevorgestanden hätte, und erhängt sich am Tag ihrer Haftentlassung im Alter von 61 Jahren bei Tagesanbruch (vgl. S. 192). Ob sie aus Angst vor der Freiheit oder als endgültige Sühne ihrer Schuld so handelt, lässt der Roman offen.

Im Vergleich der beiden Lebensläufe wird deutlich, dass sowohl Hanna als auch Michael **Schwierigkeiten im Umgang mit anderen Menschen** haben. Allerdings kommt Michael aus einer intakten Umgebung und versucht – wenn auch mit Fortschreiten des Romans immer weniger – Kontakte einzugehen (wie z. B. in Beziehungen und Freundschaften). Seine fehlende Bindungsfähigkeit kann er dabei reflektieren und in Worte fassen, wogegen Hanna das Ausdrucksvermögen fehlt. Sie zieht sich vollständig in sich zurück. Im Roman begegnet sie Menschen nur in von außen vorgegebenen Situationen (wie z. B. während des Prozesses und im Gefängnis) und vermeidet dort möglichst jeglichen Kontakt.

Die Biografien von Hanna und Michael im Überblick

Michael		Hanna
1943 Geburt		**1922** Geburt nahe Hermannstadt Kindheit und Jugend in Siebenbürgen 1939/1940 Ankunft in Berlin/Arbeit bei Siemens 1943–1945 Aufseherin in Auschwitz und Krakau 1945 Aufenthalt nach dem Krieg zunächst in Kassel, dann an verschiedenen Orten mit wechselnden Tätigkeiten
	1958	
1958 Gelbsucht	1. Begegnung auf der Straße	1950–1959 Straßenbahnschaffnerin in Heidelberg
	1959	
1959 Versetzung in die Oberstufe 1962 Abitur; Beginn des Jurastudiums	Verhältnis von Michael und Hanna	1959 spurloses Verschwinden
	1966	
1966 Besuch im KZ-Struthof; Skiurlaub 1968 Abschluss des Studiums und Beginn des Referendariats 1968/1969 Heirat mit Gertraud und Geburt der Tochter Julia; Berufsentscheidung: Rechtsgeschichte	KZ-Prozess – Wiedersehen als Beobachter und Angeklagte	1966 Urteil: lebenslänglich
	1974 –1984	
1973/1974 Scheidung von Gertraud	indirekter Kontakt durch Michaels Kassetten	1978 Alphabetisierung mithilfe von Michaels Kassetten; Kurze Briefe an Michael; Auseinandersetzung mit KZ-Literatur
	1984	
1984 Vorbereitung von Hannas Leben nach der Haft; Besuch der Tochter in New York	Wiedersehen im Gefängnis	1984 Entlassung Suizid
	1994	
1994 Niederschrift seiner Geschichte		

2 Zentrale Aspekte

Die NS-Thematik

Hanna Schmitz entpuppt sich im zweiten Teil des Romans unerwartet als ehemalige KZ-Aufseherin. In einem KZ-Prozess, an dem der Ich-Erzähler im Rahmen eines Jura-Seminars als Beobachter teilnimmt, wird ihre SS-Vergangenheit enthüllt. Auf diese Weise wird die **NS-Thematik** plötzlich in die Handlung eingeführt und zum zentralen Gegenstand des Romans.

Wie Michael erfährt der Leser nun nach und nach von **Hannas NS-Vergangenheit**. Im Herbst 1943 ist sie in die SS eingetreten und hat bis zum Frühjahr 1944 als Aufseherin in Auschwitz und danach bis zum Winter 1945 in einem Lager bei Krakau gearbeitet. Sie wird mit weiteren Frauen angeklagt, jeden Monat rund 60 Frauen nach Auschwitz in den Tod geschickt zu haben. Des Weiteren sollen sie während ihres Zuges nach Westen die Gefangenen nach einem Bombenangriff in einer Kirche haben verbrennen lassen (vgl. S. 101 f.). Nur eine Mutter und ihre Tochter haben durch einen glücklichen Zufall überlebt. Ihre Erlebnisse hat die Tochter in einem Buch festgehalten, durch welches die Ermittlungen gegen Hanna und die anderen Angeklagten in Gang kommen, auch wenn die Frauen darin nicht direkt namentlich erwähnt werden (vgl. S. 115). Ferner liegt dem Gericht als Beweismaterial ein Bericht über die Bombardierung der Kirche und das Verhalten der Aufseherinnen vor, welcher jedoch nur ungenaue Angaben enthält (vgl. S. 119 f.). Michael erkennt zu Recht, dass die Beweislage für die Angeklagten im Grunde günstig ist (vgl. S. 109), wie häufig bei dieser Art von Prozess. Aber Hanna gibt bereitwillig alles zu. Deswegen verbünden sich ihre Mittäterinnen gegen sie und schieben Hanna die Hauptschuld zu. Erschwerend kommt für Hanna hinzu, dass sie nie auf die schriftlichen Vorladungen reagiert hat. So lautet ihr Urteil letztendlich „lebenslänglich“, während die anderen Frauen nur zeitliche Freiheitsstrafen bekommen (vgl. S. 156).

Auschwitz-Prozess in Frankfurt a. M. (Aufnahme vom 3. April 1964)

Der dargestellte Prozess ist durchaus typisch für den Umgang mit NS-Tätern. In den 50er- und 60er-Jahren hat es viele solcher KZ-Prozesse gegeben. Besonders prominent ist der Fall von Hermine Ryan, geborene Braunsteiner, bekannt als **„Stute von Majdanek“**, der Ähnlichkeiten zu Hannas Geschichte aufweist.

Hermine Braunsteiner arbeitete von 1942 bis 1944 im polnischen Konzentrationslager Majdanek, wo sie dank ihres Eifers und ihres Ehrgeizes bis zur stellvertretenden Schutzhaftlagerführerin aufstieg. Ihre sadistischen Exzesse – sie trat die Häftlinge mit ihren eisenbeschlagenen Stiefeln und misshandelte sie mit einer Peitsche – brachten ihr den Spitznamen „Stute“ ein. Besonders grausam verfuhr sie mit Kindern, prügelte sie, wenn sie über Hunger klagten oder ihre Häftlingsnummer nicht korrekt angenäht hatten. Bei Transporten zu den Gaskammern legte sie auch selbst Hand an und warf die Kinder, die allein nicht auf den Lastwagen klettern konnten, hinauf.

Nach dem Krieg hatte Hermine Braunsteiner einen Amerikaner geheiratet, der nichts von ihrer Vergangenheit als grausame KZ-Aufseherin wusste, und lebte mit ihm unerkannt in New York. 1964 wurde sie von einem österreichischen Nazi-Jäger und Journalisten aufgespürt. Ihr Mann wollte ihre NS-Taten nicht wahrhaben, obwohl sie 1973 in Auslieferungshaft kam und ihr 1975–1981 mit 14 anderen Majdanek-Angestellten der Prozess gemacht wurde.

Hermine Ryan mit ihren Anwälten im Düsseldorfer Majdanek-Prozess

Nach unzähligen Zeugenaussagen und Berichten blieben nur neun Angeklagte übrig. Die anderen waren verstorben oder mussten mangels Beweisen wieder freigelassen werden.

Letztendlich erhielt Hermine Ryan eine lebenslange Freiheitsstrafe, die anderen acht Angeklagten wurden zu Haftstrafen zwischen drei und zwölf Jahren verurteilt. Im April 1996 wurde sie aufgrund ihres schlechten Gesundheitszustandes von dem damaligen nordrheinwestfälischen Ministerpräsidenten Johannes Rau begnadigt. Ihr Mann verdrängte ihre NS-Vergangenheit und hielt die ganze Zeit zu ihr. Auch eine Nachbarin konnte in ihr, die „so normal aussieht“, nicht das Monster erkennen.[7] Im Roman *Der Vorleser* wird explizit eine Verbindung zu diesem authentischen Fall aufgebaut, wenn Michael Hanna mit einem Pferd vergleicht und ihr einen entsprechenden Kosenamen sucht, wie z. B. „Cheval“ oder „Hottehüh“ (vgl. S. 68 f.). Auch die Tochter zieht bei Gericht die Parallele zwischen Hanna und einer Aufseherin, „die ‚Stute' genannt wurde" (vgl. S. 115).

Die Reportage der *Süddeutschen Zeitung* über den Majdanek-Prozess beschreibt deutlich das Leiden des Richters unter diesem Gerichtsverfahren und den zu behandelnden Grausamkeiten. Im Roman wird der Richter dagegen oberflächlicher dargestellt. Dieser, „ein nettes, intelligentes, harmloses Beamtengesicht", sagt von sich selbst, er habe alles richtig gemacht (vgl. S. 154). Während des Prozesses verschanzt er sich hinter einer Maske der Irritation, um sich mit einzelnen Äußerungen nicht ernsthaft auseinandersetzen zu müssen (vgl. S. 94/107). Nach seinem Arbeitstag kann er zufrieden abschalten (vgl. S. 154). Die Anwälte sind „alte Nazis" (S. 92). Als in der Verhandlung eine Zeugin in Israel befragt werden muss, kommt „Reisefreude" auf (S. 98) und das Gericht verbindet die Vernehmung mit dem touristischen Ereignis (vgl. S. 140). Schlink übt hier durch seine karikierende Darstellung und die Anspielung auf die Verstrickung der Justiz in den Nationalsozialismus **Kritik an der Praxis der juristischen Aufarbeitung**.

Diese Frage hat in den 60er-Jahren auch die studentische Jugend beschäftigt: „Daß so viele alte Nazis bei den Gerichten, in der Verwaltung und an den Universitäten Karriere gemacht hatten, […] erfüllte uns mit Scham, selbst wenn wir mit dem Finger auf die Schuldigen zeigen konnten" (S. 161). Die zweite Generation, also die Nachkriegsgeneration, klagt ihre Eltern an, dass sie am Krieg teilgenommen oder zumindest die Täter nach 1945 unter sich geduldet haben (vgl. S. 88). „**Aufarbeitung der Vergangenheit**" wird das Schlagwort der damaligen Zeit. Dabei sehen sich die Studenten im Roman als „Avantgarde der Aufarbeitung" (S. 87). Ihr aufklärerischer Auftrag verbindet sie zu einer großen Gruppe, die entscheidend durch das „Wir-Gefühl" geprägt ist (vgl. ebd.). Die Auseinandersetzung mit der nationalsozialistischen Vergangenheit wird wesentliches Thema der

68er-Studentenbewegung, wobei Michael vermutet, dass diese nicht der Grund, „sondern nur der Ausdruck des Generationenkonflikts war [...]. Die Erwartungen der Eltern, von denen sich jede Generation befreien muß, waren damit, daß diese Eltern im Dritten Reich oder spätestens nach dessen Ende versagt hatten, einfach erledigt.“ (S. 161) Allerdings ist auch die zweite Generation durch ihre enge Verbindung zu der ersten Generation in den Schuldzusammenhang verstrickt. Michael hat mit seiner Liebe zu Hanna diese Verbindung sogar aktiv gewählt und fühlt sich folglich mitverantwortlich. Nur für die Liebe zu den Eltern ist man nicht verantwortlich, doch Michael stellt sogar dies infrage (vgl. S. 162). Aufgrund der Erkenntnis seiner eigenen Schuld distanziert sich Michael von seinen Kommilitonen und will nicht mit ihnen protestieren und demonstrieren (vgl. S. 160). Bereits während des Prozesses hat er sich die Frage nach dem richtigen Umgang mit den Gräueltaten gestellt:

> *Sollen wir nur in Entsetzen, Scham und Schuld verstummen? Zu welchem Ende? Nicht daß sich der Aufarbeitungs- und Aufklärungseifer, mit dem ich am Seminar teilgenommen hatte, in der Verhandlung einfach verloren hätte. Aber daß einige wenige verurteilt und bestraft und daß wir, die nachfolgende Generation, in Entsetzen, Scham und Schuld verstummen würden – das sollte es sein?* (S. 100)

Während einerseits die Justiz keine umfassende Aufarbeitung der Vergangenheit betreibt und die Verantwortlichen angesichts der ständigen Beschäftigung mit den NS-Gräueltaten abstumpfen, und während andererseits die 68er-Bewegung dazu tendiert, die ganze Elterngeneration undifferenziert und selbstgerecht zu verdammen, bemüht sich Michael zu verstehen – und scheitert letztendlich. Um sich ein Urteil zu bilden, will der Ich-Erzähler sich die Verbrechen vor Augen führen. Doch er beklagt das **Problem der fehlenden Anschauung**. Er stellt sich Hanna als KZ-Aufseherin vor, wissend, „daß die phantasierten Bilder armselige Klischees waren“ (S. 142). Um diese Klischees durch die Konfrontation mit der Wirklichkeit zu korrigieren (vgl. S. 144 ff.), besucht er das Konzentrationslager Struthof im Elsass.

Eingang zum KZ Struthof im Elsass

Aber auch dort scheitert er an seiner mangelnden Vorstellungskraft, und er hat „das Gefühl kläglichen, beschämenden Versagens“ (S. 149). Die fremde Welt der Konzentrationslager rückt ihm nicht näher. Stattdessen überlegt er, „wie man sich nach dem Besuch eines Konzentrationslagers zu fühlen habe“ (S. 150). In sich spürt er eine große Leere.

Michael bekommt keinen Zugang zu seinen Gefühlen und fühlt sich wie betäubt (vgl. S. 96). Diese **Betäubung** stellt er nicht nur bei sich, sondern auch bei Richtern und Staatsanwälten und sogar bei den Opfern und den Tätern fest (vgl. S. 98 f.). Bei dieser Gleichsetzung von Tätern und Opfern ist dem Ich-Erzähler selbst nicht wohl (vgl. S. 99). In der Rezeption des Romans ist sie als Provokation verstanden und dem Autor häufig vorgeworfen worden (vgl. *Interpretationshilfe*, S. 89ff.).

Auch das von der überlebenden Tochter verfasste Buch „atmet die Betäubung“ (S. 114) und sorgt beim Leser für Distanz. Es ist ein dokumentarisches Werk aus der Opferperspektive, ganz anders als *Der Vorleser*. Schlink, dessen erklärtes Ziel es ist, Geschichte wieder lebendig zu machen (vgl. *Interpretationshilfe*, S. 67), wählt für seinen fiktionalen Text die **Täterperspektive**,

d. h. die **Motivation der Täter** und nicht das Leid der Opfer steht im Vordergrund: Warum können Menschen so etwas tun? Der Professor des KZ-Seminars, ein alter Herr, der aus der Emigration zurückgekehrt ist, stellt einführend fest: „Sie werden keinen finden, der wirklich meint, er habe damals morden dürfen" (S. 87). Der Protagonist jedoch will die Beweggründe der Täter verstehen. Bei seiner Fahrt in das KZ Struthof spricht er mit dem Autofahrer, der ihn in seinem Mercedes mitnimmt, darüber. Dieser berichtet von der Gleichgültigkeit des Henkers:

> *Er tut seine Arbeit, haßt die nicht, die er hinrichtet, rächt sich nicht an ihnen, bringt sie nicht um, weil sie ihm im Weg stehen oder ihn bedrohen oder angreifen. Sie sind ihm völlig gleichgültig. Sie sind ihm so gleichgültig, daß er sie ebensogut töten wie nicht töten kann.* (S. 146)

Der Fahrer erzählt Michael von einem Offizier, der während einer Juden-Erschießung zufrieden eine Zigarette raucht und vergnügt aussieht, da sein „Tagwerk" geschieht und er bald Feierabend hat (vgl. S. 146 f.). Dabei liegt es nahe, dass der Fahrer von sich selbst spricht, was Michael auch bemerkt und ihm auf den Kopf zusagt; daraufhin wird er hinausgeworfen. Durch die Verwendung des Begriffs „Tagwerk" erinnert dieser Offizier an die Figur des Richters, der sich ebenfalls zufrieden fühlt, da sein „Tagwerk" vollbracht ist (S. 154): eine provozierende Parallelisierung. Die Figuren werden durch ihren **Egoismus** bestimmt.

Auch Hannas Verhalten lässt sich dadurch erklären: Sie handelt zum eigenen Schutz und will ihre Schwachstelle kaschieren. Einmal bei der SS engagiert, hinterfragt sie ihr Handeln nicht mehr, sondern will sich rollenkonform und pflichtbewusst verhalten. So entgegnet sie auf die Frage, warum sie die Kirche nicht aufgeschlossen und die Gefangenen verbrennen lassen hat: „Wir wußten uns nicht anders zu helfen" (S. 121). Sie verweist auf das Problem der fehlenden Ordnung unter den Häftlingen und die übernommene Verantwortung (vgl. S. 122 f.). Diese profanen

Gründe erinnern stark an Hannah Arendts Ausspruch von der „**Banalität des Bösen**“, den sie in ihren Beobachtungen zum Prozess von Adolf Eichmann geprägt hat. Eichmann, als Leiter des Reichssicherheitshauptamtes verantwortlich für die Deportationen der Juden aus Deutschland und damit für den Tod von mehreren Millionen Juden, erweist sich als Bürokrat, der aus Karrieregründen gehandelt hat. Bis zur Vollstreckung seines Todesurteils beharrte Eichmann darauf, lediglich Befehle ausgeführt zu haben und daher im juristischen Sinne nicht schuldig zu sein.

Die Täter sind demnach keine Monster, sondern Menschen, die aus egoistischen – teilweise banalen – Motiven grausam handeln. Schlink betonte 2000 in einem *Spiegel*-Gespräch: „Wenn es nicht die **menschliche Sicht** auf die Täter gäbe, hätten wir kein Problem mit ihnen. Erst die menschliche Nähe zu ihnen macht das, was sie getan haben, so furchtbar.“ Er zeigt daher Hanna bewusst zuerst nur in der Rolle der Geliebten, bevor er ihre grausame Vergangenheit aufdeckt. Das Wissen um ihre Tätigkeit als KZ-Aufseherin hätte sonst leicht den Blick auf den Menschen verstellt. Ihre Ambivalenz wird durch diesen erzählerischen Kunstgriff umso deutlicher herausgearbeitet. Letztlich geht es Schlink darum, die Handlungsmechanismen zu verstehen und so die eigene moralische Gefährdung zu erkennen, damit sich solche Gräueltaten nie mehr wiederholen können.

Das Haupttor des Lagers Auschwitz-Birkenau und die Todesrampe, auf der die Selektionen durchgeführt wurden.

Die Schuld-Thematik

Michael Berg und seine Kommilitonen begegnen den NS-Tätern zu Beginn des Prozesses mit großer Entschlossenheit: „Daß verurteilt werden müsse, stand für uns fest“ (S. 87). Dabei geht es ihnen nicht um einzelne KZ-Wächter, sondern sie verdammen die ganze Generation, welche die Täter nicht gehindert oder nach 1945 nicht ausgestoßen hat. Erst durch die Begegnung mit Hanna im Gericht wird der Ich-Erzähler sich der individuellen bzw. der gesellschaftlichen Verwicklung und der ganzen **Komplexität des Schuld-Begriffes** bewusst, was im Roman zu einer ausführlichen Auseinandersetzung mit der Schuld-Thematik auf verschiedenen Ebenen führt.

Bei „Schuld“ handelt es sich um eine **mehrdimensionale Kategorie der Selbst- bzw. Fremdbewertung menschlichen Handelns**, wobei das Verschulden immer ein schädigendes Verhalten gegenüber anderen bezeichnet.[8] Dabei kann sowohl die Handlung eines Einzelnen als auch das Verhalten einer Gruppe in den Blick genommen werden. Man unterscheidet demnach zwischen individueller und Kollektivschuld. Als **Beurteilungsinstanzen** kommen Gott, das eigene Gewissen, andere Menschen oder gesellschaftliche Normen bzw. das juristisch geltende Recht infrage. In Abhängigkeit davon lässt sich zwischen unterschiedlichen Dimensionen differenzieren: einer Sünde vor Gott in der Religion, einer moralischen Schuld im Bereich der Ethik, einer strafrechtlichen Schuld vor dem Gesetz und neurotischen Schuldgefühlen im Feld der Psychologie. Die einzelnen Dimensionen können sich überschneiden, und jedes schuldhafte Handeln zieht Konsequenzen nach sich, was eine ausgewogene Bewertung der Schuldfrage prinzipiell sehr schwierig macht.

Im Roman empfindet **Michael** sich zum Beispiel wegen seiner sexuellen Träume und Begierden als schuldig, da diese im Widerspruch zu den Werten seiner familiären und religiösen Erziehung stehen. Dieser innere Zwiespalt lässt ihn über den

Zusammenhang von Entscheidung und Handeln reflektieren (vgl. S. 20 ff.). Schuldig im Sinne des Strafrechtes macht er sich hingegen durch seinen Kaufhausdiebstahl (vgl. S. 59 f.).

Hauptsächlich geht es für ihn beim Thematisieren von Schuld um moralische Fragen und den Verrat an seinem Gewissen. Dazu gehört sein Verhalten seinen Mitmenschen gegenüber, wie z. B. Sophie, deren Gefühle er verletzt (vgl. S. 84 f.), oder seinem Großvater, den er zurückweist, als dieser ihn vor seinem Tod segnen will (vgl. ebd.). Auch seiner Frau Gertrud, die er nicht lieben kann, und seiner Tochter Julia gegenüber, der er durch die Scheidung die Geborgenheit verweigert, auf die sie ein Recht hat (vgl. S. 165), fühlt er sich schuldig. Da die Beziehung zu Hanna sein Leben stark bestimmt, stellen die Schuldgefühle ihr gegenüber für Michael ebenfalls eine besondere Belastung dar. Als Jugendlicher hat er das Gefühl, sie zu verraten, da er sich zu ihrer Beziehung nicht offen bekennt und seinen Freunden nichts von seiner Geliebten erzählt (vgl. S. 72). Als Hanna die Stadt heimlich verlässt, gibt er sich daran die Schuld (vgl. S. 80). An dieser Schuld trägt er auch noch, als er während des Prozesses erfährt, dass für Hannas Weggehen ganz andere Motive ausschlaggebend gewesen sind: „Allerdings änderte der Umstand, daß ich sie nicht vertrieben hatte, nichts daran, daß ich sie verraten hatte. Also blieb ich schuldig.“ (S. 129)

Indem Michael Hannas Analphabetismus durchschaut, erkennt er die Möglichkeit, die Höhe der zu erwartenden Strafe durch eine Offenlegung ihres Defizits zu reduzieren. Aus dem Gespräch mit seinem Vater weiß Michael, dass er mit Hanna darüber reden müsste (vgl. S. 138), was er allerdings aus Angst nicht fertigbringt. Seine Feigheit lässt ihn schuldig werden. Dennoch geht er zum Vorsitzenden Richter, da er Hanna nicht unbehelligt lassen kann und sich in ihr Schicksal einmischen will: „Ich mußte an ihr rummachen, irgendeine Art von Einfluß und Wirkung auf sie haben, wenn nicht direkt, dann indirekt“

(S. 153). Diese Art der indirekten Beeinflussung behält Michael während ihres Gefängnisaufenthaltes bei. Anstatt direkt mit ihr zu kommunizieren, schickt er ihr von ihm besprochene Kassetten. Der Ich-Erzähler bemerkt selbst: „Ich hatte Hanna eine Nische zugebilligt, [...] aber keinen Platz in meinem Leben" (S. 187). Sein schlechtes Gewissen, welches diese Erkenntnis verursacht, versucht er zu verdrängen: „Aber warum hätte ich ihr einen Platz in meinem Leben zubilligen sollen?" (ebd.) Schließlich ist er durch die Liebe zu ihr, einer Verbrecherin, mitschuldig geworden (vgl. S. 129). Mit der Wahl dieser Beziehung ist er in den gesamten NS-Schuldzusammenhang verstrickt worden, auch wenn er zum Zeitpunkt ihrer Liaison noch nichts von ihrer Vergangenheit gewusst hat:

> *Ich habe versucht, mir zu sagen, daß ich [...] nichts von dem wußte, was sie getan hatte. Ich habe versucht, mich damit in den Zustand der Unschuld zu reden, in dem Kinder ihre Eltern lieben. Aber die Liebe zu den Eltern ist die einzige Liebe, für die man nicht verantwortlich ist.* (S. 162)

Auch **Hanna** ist durch das Eingehen dieser Beziehung schuldig geworden: zunächst im strafrechtlichen Sinn, da es sich um Verführung eines Minderjährigen und damit um Kindesmissbrauch handelt. Ferner ist ihr Verhalten Michael gegenüber moralisch verwerflich: Sie akzeptiert ihn nicht als gleichwertigen Partner und hält ihn emotional auf Distanz. Anstatt ihm ihre Probleme zu offenbaren, vertuscht sie ihr Defizit, den Analphabetismus, mit allen Mitteln und wendet in Amorbach sogar körperliche Gewalt an (vgl. S. 54 f.). Ihr Analphabetismus ist auch die Ursache für ihr Eintreten in die SS gewesen. Dort hat sie als KZ-Aufseherin viele Menschen in den Tod geschickt, was strafrechtlich geahndet werden muss. An ihrer Schuld diesbezüglich besteht im Roman kein Zweifel, allerdings nimmt der Erzähler an, dass sie „nicht so schuldig war, wie es den Anschein hatte" (S. 132), und stellt so das Ausmaß ihrer Schuld infrage. Denn aufgrund ihrer Unfähigkeit zu schreiben, kann Hanna den Bericht nicht verfasst haben und nicht die Hauptakteurin sein, zu der die anderen Angeklagten sie machen. Außerdem befindet sie sich – obgleich Täterin – durch ihrer Schwäche selbst in der Rolle eines Opfers, was gegebenenfalls Auswirkung auf ihre Schuldfähigkeit hat.

> *Aber Hannas Scham, nicht lesen und schreiben zu können, als Grund für ihr Verhalten im Prozeß und im Lager? Aus Angst vor der Bloßstellung als Analphabetin die Bloßstellung als Verbrecherin? Aus Angst vor der Bloßstellung als Analphabetin das Verbrechen?* (S. 127)

Kann dies als Grund für mildernde Umstände gelten? Wird ihre Schuld dadurch relativiert? Der Roman wirft diese Fragen auf, lässt aber den Leser mit ihrer Beantwortung alleine: Wie Michael befindet dieser sich in dem Dilemma zwischen Verstehen und Verurteilen (vgl. S. 151).

Hanna (Kate Winslet) auf der Anklagebank; Szene aus der Verfilmung von Stephen Daldry (2008)

Das Gericht ist für Hanna jedoch nicht die entscheidende Beurteilungsinstanz: Nur die Toten könnten Rechenschaft von ihr verlangen (vgl. S. 187). Im Gefängnis gelingt es ihr, sich durch ihre Alphabetisierung und die darauf folgende Lektüre von Holocaust-Literatur moralisch mit ihrer Vergangenheit auseinanderzusetzen. Die Tatsache, dass sie ihr Geld der überlebenden Tochter vererben will, kann als Eingeständnis ihrer Schuld gewertet werden. „Die Jahre der Haft sollten nicht nur auferlegte Sühne sein; Hanna wollte ihnen selbst einen Sinn geben, und sie wollte mit dieser ihrer Sinngebung anerkannt werden" (S. 201). Dennoch kann die Tochter Hanna keine Absolution erteilen. Offen bleibt im Roman, ob auch Hannas Freitod als Schuldbekenntnis gewertet werden kann. Da der Roman aus der Sicht Michaels erzählt ist, wird freilich nur seine Wertung vermittelt. Wie tief der Läuterungsprozess bei Hanna gegangen ist bzw. wie sehr Michael ihr Verhalten nach seinem Wunschdenken interpretiert, kann nicht endgültig geklärt werden.

Michael erkennt Hannas Auseinandersetzung mit ihrer NS-Vergangenheit an, aber er vermisst in ihrer Vergangenheitsbewältigung die Beschäftigung mit seiner Person: „Nur die Toten Rechenschaft fordern zu lassen, Schuld und Sühne auf schlechten Schlaf und schlimme Träume reduzieren – wo blieben da die Lebenden? [...] Wo blieb ich?" (S. 190) Auf die Frage der Tochter, ob Hanna gewusst habe, was sie ihm angetan hat, kann er nur mit den Schultern zucken (vgl. S. 202). Offensichtlich erschwert diese fehlende Sicherheit Michael die Aufarbeitung seines Schicksals. In der Erzählgegenwart hat der Protagonist seine Geschichte akzeptiert und seinen Frieden mit ihr gemacht. Dennoch kommen in Situationen, in denen er sich schuldig fühlt, auch die alten Schuldgefühle wieder hoch (vgl. S. 206).

Michaels Geschichte ist jedoch nicht nur als Einzelschicksal interessant. Vielmehr repräsentiert sie die Verstrickung einer ganzen Generation in den NS-Schuldzusammenhang:

> *Wie sollte es ein Trost sein, daß mein Leiden an meiner Liebe zu Hanna in gewisser Weise das Schicksal meiner Generation, das deutsche Schicksal war, dem ich mich nur schlechter entziehen, das ich nur schlechter überspielen konnte als die anderen.*
> (S. 163)

Es geht also neben der individuellen auch um **Kollektivschuld**. Die zweite Generation, zu der Michael gehört, wirft der ersten aktive Beihilfe im Nazi-Regime bzw. die Duldung der Gräueltaten und mangelnden Widerstand vor. Ferner wird die Elterngeneration angeklagt, die Täter nach 1945 nicht ausgeschlossen zu haben, was Ralph Giordano als „zweite Schuld" bezeichnet.[9] Er spricht von dem „großen Frieden mit den Tätern und dem Verlust der humanen Orientierung". Aus Selbstschutz verstecken sie sich hinter einer Maske und geben nichts Kompromittierendes aus ihrer Vergangenheit preis. Auch Schlink bestätigt als Rechtshistoriker diese Perspektive:

> *Die Rechtsgeschichte lehrt uns, wie Schuld sogar die verstrickt, die nicht einmal Zeugen der Verbrechen waren. In den früheren Stammeskulturen hatte, wenn ein Angehöriger einer Gemeinschaft gegenüber einem Angehörigen einer anderen Gemeinschaft ein Verbrechen beging, seine Gemeinschaft die Wahl, ihn auszustoßen oder ihn bei sich zu halten. Behielt sie ihn bei sich, gewährte sie ihm Solidarität, dann teilte sie auch seine Schuld, übernahm gegenüber der anderen Gemeinschaft Verantwortung und Haftung. Solidargemeinschaft ist auch Schuldgemeinschaft. Ähnlich haben die Deutschen, die die Täter der ersten Generation nicht ausgestoßen, sondern als Mitbürger, Politiker, Administratoren, Richter, Professoren, Lehrer und Eltern akzeptiert haben, an deren Schuld teil.*[10]

Und so wird der Schuldzusammenhang auch von Michael im Roman wahrgenommen: „Was immer es mit Kollektivschuld moralisch und juristisch auf sich haben oder nicht auf sich haben mag – für meine Studentengeneration war sie eine erlebte Realität" (S. 161). Dabei geht die zweite Generation in ihrem moralischen Eifer mit ihrer Anklage sehr weit und vermischt dabei den Generationskonflikt mit ihrer Aufklärungspflicht (vgl. S. 162 f.). In ihrer auftrumpfenden Selbstgerechtigkeit übersieht sie ihre eigene Beteiligung: „War die Absetzung von den Eltern nur Rhetorik, Geräusch, Lärm, die übertönen sollten, daß mit der Liebe zu den Eltern die Verstrickung in deren Schuld unwiderruflich eingetreten war?" (S. 162) Können die anderen Studenten ihr Schuldigwerden durch die Liebe zu ihren Eltern noch ignorieren, wird es Michael stellvertretend für alle durch seine Liebe zu Hanna schmerzlich bewusst.

Der Schuldzusammenhang endet mit der **dritten Generation**. Schlink stellt fest:

> *Es gibt die erste, zweite, aber es gibt keine dritte Schuld. [...] Und doch gibt es ein Vermächtnis der Furchtbarkeiten des Dritten Reichs auch für die dritte und die folgenden Generationen. [...] Was Menschen einander antun und einander schuldig bleiben können, wie sie, ohne Monster zu sein, die furchtbarsten Verbrechen begehen können, wie politische und gesellschaftliche Institutionen versagen und wie eine moralische Kultur zusammenbrechen kann, schließlich auch, wie man sich zu denen verhält, die die furchtbarsten Verbrechen begangen haben – diese Fragen sind für die nächste Generation nicht weniger dringend als für die erste oder zweite.*[11]

Bei der Überlieferung dieses Vermächtnisses hilft die **Literatur**. Sie kann sich, wie z. B. der Roman *Der Vorleser*, mit der Schuldfrage auseinandersetzen und dem Leser über konkrete Beispiele einen individuellen Zugang ermöglichen.

„Wie sollte es ein Trost sein, daß mein Leiden an meiner Liebe zu Hanna in gewisser Weise das Schicksal meiner Generation, das deutsche Schicksal war. “ (S. 163)

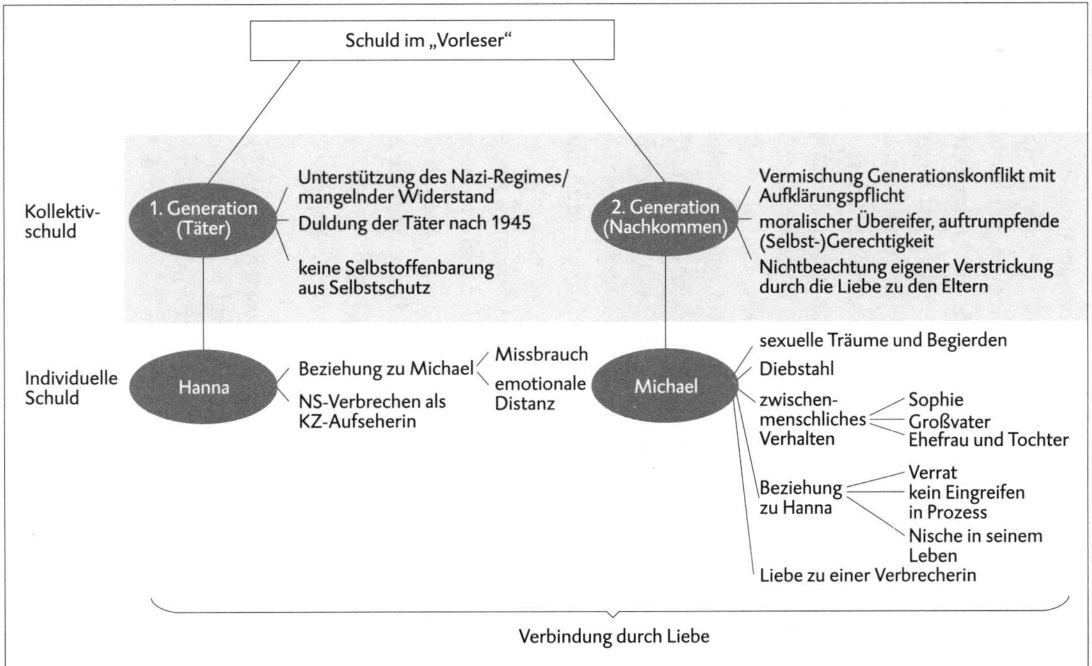

Die Bedeutung von Lesen und Schreiben

„Hanna konnte nicht lesen und schreiben." (S. 126) Michaels Erkenntnis erklärt dem Leser viele Ungereimtheiten in Hannas Verhalten und sorgt dennoch für starke **Irritation:** In der heutigen Zeit (die Handlungszeit des Romans eingeschlossen) sind Lesen und Schreiben für Jugendliche und Erwachsene so selbstverständlich, dass leicht vergessen wird, dass nicht alle Menschen über diese elementaren Fähigkeiten verfügen. Doch Analphabeten gibt es nicht nur in den Entwicklungsländern, sondern auch in den Industriestaaten. Dabei unterscheidet man zunächst zwischen *primären Analphabeten*, die keinerlei Schriftzeichen beherrschen, und *funktionalen Analphabeten*, die zwar ein individuell verschiedenes Maß an Kompetenz besitzen, allerdings damit nicht die schriftlichen Anforderungen bewältigen können, die alltägliche Aufgaben in Arbeits- und anderen Lebensbereichen mit sich bringen. Nicht zuletzt gibt es auch *sekundäre Analphabeten*, die Lesen und Schreiben in der Kindheit erlernt, dann aber im Lauf der Zeit wieder verlernt haben. Schätzungen bezüglich der Anzahl sind schwierig, da das Hauptanliegen der Analphabeten im **Verstecken ihres Handicaps** besteht. Sie ritualisieren ihr Verhalten, um unvorhergesehene Situationen zu vermeiden, und überlegen sich gute Begründungen, um nicht lesen oder schreiben zu müssen.

So auch Hanna im ersten Teil des Romans: Sie kann zwar mit ihrem Namen unterschreiben (vgl. S. 54), ist aber ansonsten der Schriftsprache nicht mächtig. Ihr Alltag konzentriert sich auf ihr vertraute Umgebungen, zum einen auf ihre Wohnung, zum anderen auf ihren Arbeitsplatz: die Straßenbahn. Hier besteht für sie nur wenig Gefahr, durch ihre Unkenntnis aufzufallen. Zwar wundert Michael sich, dass sie seinen Namen auf den Schulheften nicht wahrgenommen hat (vgl. S. 35), aber er erklärt sich das selbst durch ihre Achtlosigkeit. Dass sie nicht auf seine Briefe antwortet (vgl. S. 50), deutet er als Machtspiel und ihre offenbar wahllosen Kinobesuche (vgl. S. 76) lassen sich mit ihrem nicht festgelegten Geschmack begründen. Für ihren Wunsch, vorgelesen zu bekommen, gibt Hanna selbst einen Grund an: „Du hast eine so schöne Stimme, Jungchen, ich mag dir lieber zuhören als selbst lesen." (S. 43)

Michael (David Kross) und Hanna (Kate Winslet) bei ihrem Vorlese-Ritual

Sobald sie allerdings ihren vertrauten Bereich verlässt, wird sie **unsicher**, was sich z. B. sehr deutlich während ihrer Fahrradtour mit Michael zeigt (vgl. S. 52 ff.). Schon Tage vor der Reise ist sie unruhig. Als Michael ihr die Reiseroute auf einer Karte zeigen möchte, schiebt sie ihre Aufregung als Ausrede vor. Sie gibt vor, sich einmal um nichts kümmern zu wollen, und lässt Michael den Meldezettel ausfüllen und auch ihr Essen aussuchen. Ihre Anspannung zeigt sich deutlich, als sie Michael in Amorbach schlägt. Da sie seinen Zettel, mit dem er seine kurze Abwesenheit erklärt, nicht hat lesen können, befürchtet sie, dass er sie in dieser fremden Umgebung alleine lässt, weil er nichts von ihrer Abhängigkeit ahnt. Auch im Arbeitszimmer von Michaels Vater fühlt sie sich fremd und betrachtet die Bücherregale, „als lese sie einen Text" (S. 60). Interessant ist hier die Verwendung des Konjunktivs, da dieser auf ihre fehlende Lesefähigkeit bereits hinweist.

Doch nicht nur fremde Orte, sondern auch fremde Situationen verängstigen Hanna. So ist sie vor ihrer Beförderung bei der Straßenbahn tagelang in sonderbarer Stimmung, „launisch und herrisch und zugleich spürbar unter einem Druck, der sie aufs äußerste quälte und empfindlich, verletzlich machte“ (S. 76). Sie hat Angst, dass ihr Analphabetismus entdeckt wird, und verlässt deswegen die Stadt. Solche **Fluchtversuche** haben schon früher ihr Leben bestimmt: 1943 hat sie sich der Beförderung bei Siemens in Berlin entzogen, indem sie in die SS eingetreten ist. Als KZ-Aufseherin treibt sie dann viele Menschen in den Tod. Wie Michael fällt es dem Leser schwer zu glauben, dass dieses moralische Versagen auf ihren Analphabetismus zurückzuführen sein soll: „Aus Angst vor der Bloßstellung als Analphabetin das Verbrechen?“ (S. 127) So konstruiert diese Begründung auch klingen mag, genau darin liegt der Kniff des Romans. Durch die Einführung des Analphabetismus wird Hannas Schuldfähigkeit infrage gestellt (vgl. *Interpretationshilfe*, S. 41 ff.). Michael stellt fest: „Analphabetismus ist **Unmündigkeit**“ (S. 178). Ist Hanna also gar nicht in der Lage gewesen, die Tragweite ihrer Tätigkeit zu durchschauen? Noch während des Prozesses zeigt sie wenig Gespür für ihr problematisches Verhalten und fragt den Richter, wie er sich denn verhalten hätte (vgl. S. 107). Zum ersten Mal beginnt sie ihre Biografie zu hinterfragen:

> *„Also hätte ich … hätte nicht … hätte ich mich bei Siemens nicht melden dürfen?“ […] Sie sprach vor sich hin, fragte sich selbst, zögernd, weil sie sich die Frage noch nicht gestellt hatte und zweifelte, ob es die richtige Frage und was die Antwort war.* (S. 108)

Oder hat sie damals doch ganz bewusst gehandelt? „Und war sie so eitel und böse, für das Vermeiden einer Bloßstellung zur Verbrecherin zu werden?“ (S. 128) Hat sie ihre Schützlinge, die ihr vorgelesen haben, absichtlich nach Auschwitz geschickt, um sie stumm zu machen (vgl. S. 127)? Das Vertuschen ihres Defizits scheint für Hanna oberstes Handlungsgebot zu sein: „Mit der Energie, mit der sie ihre Lebenslüge aufrechterhielt, hätte sie längst lesen und schreiben lernen können." (S. 132)

Auch vor Gericht gibt sie den Analphabetismus nicht zu, was ihr **im Prozess erhebliche Schwierigkeiten** bereitet, da sie kein Gefühl für den Kontext hat (vgl. S. 105). Bereits zu Beginn des Gerichtsverfahrens kommt sie wegen Fluchtgefahr in Untersuchungshaft, da sie auf keine der Vorladungen reagiert hat (vgl. S. 93 f.). Während der Gerichtsverhandlung stellt sich heraus, dass sie im Protokoll ihrer richterlichen Vernehmung Dinge unterschrieben hat, die ihrer Meinung nach nicht zutreffen (vgl. S. 104 f.). Auch ihre Einwände gegen die Anklage erfolgen zu spät (vgl. ebd.), da sie vorher allen Prozessbeteiligten schriftlich vorgelegen hat. Außerdem kennt Hanna den Inhalt des Buches der Tochter nicht, welches ein wichtiges Element in der Beweisaufnahme darstellt. Um ihre Lebenslüge aufrechtzuerhalten, geht die Protagonistin sogar so weit, auf eine Schriftprobe zu verzichten und zuzugeben, den Bericht geschrieben zu haben, den die anderen Angeklagten ihr anlasten wollen. Obwohl sie weiß, dass er falsch ist, macht sie sich damit zur Hauptschuldigen (vgl. S. 124).

Nach wochenlangem Nachdenken über Hannas Verhalten erkennt Michael plötzlich dank der Reihe von Indizien ihren Analphabetismus (vgl. S. 126). Er bemerkt, welche **Kraftanstrengung** Hanna vollbringt:

> *Sie kämpfte immer und hatte immer gekämpft, nicht um zu zeigen, was sie kann, sondern um zu verbergen, was sie nicht kann. Ein Leben, dessen Aufbrüche in energischen Rückzügen und dessen Siege in verheimlichten Niederlagen bestehen.* (S. 128 f.)

Dieses Wissen lässt den Protagonisten die Vergangenheit anders wahrnehmen. Hannas Unberechenbarkeit in der Beziehung, der ständige Wechsel zwischen Anlehnungsbedürfnis und Dominanz, wird für ihn nachvollziehbar. Auch wird nun verständlich, warum Hanna so viel Wert auf Michaels schulischen Erfolg gelegt hat (vgl. S. 36).

Das alltägliche Ritual ihrer Treffen – „[v]orlesen, duschen, lieben und noch ein bißchen beieinanderliegen“ (S. 43) – erhält nun eine neue Bedeutung. Michael, der aus einer Schicht stammt, in der Lesen und Schreiben selbstverständlich sind, sollte Hanna durch die Lektüre **Zugang zu einer ihr verschlossenen Welt** verschaffen. Der Protagonist ist so ihr „Vorleser“ geworden, auf den auch der Titel des Romans Bezug nimmt. Die Textauswahl spielt folglich eine große Rolle. Zunächst erzählt Michael ihr von seinem Schulstoff: von Homers Epen, Ciceros Reden und Hemingways Geschichte vom alten Mann und dem Meer (vgl. S. 42). Dann liest er ihr auf Griechisch aus der *Odyssee* und lateinische Reden gegen Catilina vor. Aber Hanna möchte seine Texte aus dem Deutschunterricht hören: *Emilia Galotti* und *Kabale und Liebe* (vgl. S. 43). Michael versucht, in seinem Vortrag die einzelnen Akteure lebendig werden zu lassen. Während der Osterferien liest er ihr aus Eichendorffs *Taugenichts* vor (vgl. S. 56). Danach wählt er Tolstois *Krieg und Frieden* – ein Werk, welches auch für ihn neu ist, sodass sie gemeinsam „die ferne Reise“ erleben (vgl. S. 68). Die Lektüre dauert vierzig bis fünfzig Stunden. Auch viele Jahre später, als Michael Hanna Kassetten ins Gefängnis schickt, um mit ihr auf diese Weise Kontakt zu halten, schreckt er vor langen Texten nicht zurück. Er liest zunächst die *Odyssee* auf Deutsch, dann Erzählungen von Schnitzler und Tschechow. Später trägt er auch Texte von Keller, Fontane, Heine, Mörike, Kafka, Frisch, Johnson, Bachmann und Lenz vor. „Insgesamt weisen die Titel [...] ein großes bildungsbürgerliches Urvertrauen aus“ (S. 176). Experimentelle Literatur schließt er aus. Schließlich beginnt er sogar, eigene Text zu verfassen, um sie Hanna vorzulesen. „Hanna wurde die Instanz, für die ich noch mal alle meine Kräfte, alle meine Kreativität, alle meine kritische Phantasie bündelte“ (ebd.). Durch das Vorlesen für Hanna kommt Michael also zum Schreiben, was ihm schließlich bei seiner Vergangenheitsaufarbeitung helfen wird.

Hanna selbst ist eine **„aufmerksame Zuhörerin“** (S. 43) und folgt gespannt der Handlung. Dabei differenziert sie nicht zwischen Realität und Fiktion und nimmt sowohl Emilia aus Lessings Drama als auch Schillers Luise „als dumme Gören“ wahr (vgl. ebd.). Außerdem hält sie die Autoren meist für Zeitgenossen (vgl. S. 179), da ihr der literaturgeschichtliche Hintergrund fehlt. Trotzdem treffen ihre Bemerkungen über Literatur oft erstaunlich genau: „Schnitzler bellt, Stefan Zweig ist ein toter Hund“ (ebd.). Durch das Zuhören kann Hanna sich in andere Welten einfühlen, auch wenn sie intellektuell nicht immer alles versteht, wie z. B. den Auszug aus dem Kant-Buch des Vaters: „Sie sah mich an, als habe sie alles verstanden oder als komme es nicht darauf an, was man versteht und was nicht.“ (S. 62)

Erst durch ihre eigene Alphabetisierung, die sie mithilfe von Michaels Kassetten vollzieht, kann Hanna sich aktiv mit den Inhalten auseinandersetzen: „Indem Hanna den Mut gehabt hatte, lesen und schreiben zu lernen, hatte sie den Schritt aus der Unmündigkeit zur Mündigkeit getan, einen **aufklärerischen Schritt**“ (S. 178). Hier spielt der Ich-Erzähler auf die berühmte Definition Kants an:

> *Aufklärung ist der Ausgang des Menschen aus seiner selbstverschuldeten Unmündigkeit. Unmündigkeit ist das Unvermögen, sich seines Verstandes ohne Leitung eines anderen zu bedienen. Selbstverschuldet ist diese Unmündigkeit, wenn die Ursache derselben nicht am Mangel des Verstandes, sondern der Entschließung und des Mutes liegt, sich seiner ohne Leitung eines anderen zu bedienen.*[12]

Hanna hat dieser Schritt viel Anstrengung gekostet, „jeder Buchstabe war neu erkämpft“ (S. 178). Doch Michael fragt sich, ob es nicht bereits zu spät ist: „Oder gibt es ‚zu spät' nicht, gibt es nur ‚spät', und ist ‚spät' allemal besser als ‚nie'?" (ebd.) Hanna hilft ihre neu erworbene Lesefähigkeit bei der Auseinandersetzung mit ihrer Vergangenheit. Durch die Lektüre von KZ-Literatur, sowohl aus der Opfer- als auch aus der Täterperspektive, wird sie sich ihrer Schuld bewusst. Einige Rezensenten halten **Hannas Wandlung** für unrealistisch, so ist sie beispielsweise für Juliane Köster „entweder als – gleichwohl unwahrscheinliche – vorbildhafte Alternative zur realen Geschichte in der BRD zu deuten oder aber als literarische Schwäche zu verbuchen"[13]. Andererseits wird durch die „Bekehrung" Hannas die **Bedeutung von Literatur** als Möglichkeit einer Auseinandersetzung mit der Welt und als Angebot der Sinnstiftung unterstrichen – eine Sichtweise, die der Roman *Der Vorleser* durchaus auch für sich selbst in Anspruch nimmt.

Aber nicht nur Lesen, sondern auch das Schreiben dient der aktiven Auseinandersetzung mit dem Dasein. So hat im Roman nicht nur die überlebende Tochter ihr eigenes Leben schriftlich dokumentiert, sondern auch der Ich-Erzähler schreibt seine Geschichte auf, sodass sie ihn nicht mehr mit Trauer erfüllt (vgl. S. 206). Michael arbeitet sich schreibend an der Beziehung ab, die im Zeichen des Lesens stand. Er braucht – wie Hanna – die Buchstaben, um den eigenen Frieden zu finden.

3 Motive

Michael ist im gesamten Roman auf der Suche nach einer Heimat, die ihn zur Ruhe kommen lässt. Innerlich fühlt er sich getrieben, hat Schwierigkeiten, sich sowohl beruflich als auch privat festzulegen. Aufgrund dieser eigenen **Rastlosigkeit** fühlt er sich von der **Odyssee**, der Geschichte einer Irrfahrt mit glücklicher Heimkehr, so angezogen: „[Ich] liebte sie und liebe sie bis heute" (S. 66). Immer wieder taucht dieses Epos in seinem Leben auf und schafft so eine unterschwellige Verbindung zwischen einzelnen Ereignissen.

Bereits als 15-Jähriger hat er die *Odyssee* auf Griechisch und auf Deutsch gelesen, weswegen ihm die Übersetzung im Griechischunterricht keine Schwierigkeiten bereitet. Er bezieht sie konkret auf sein Leben und überlegt, ob er sich unter Nausikaa, der Königstochter, die den schiffbrüchigen Odysseus an den Hof ihres Vaters führt, Hanna oder Sophie vorstellen soll. Die *Odyssee* ist auch der Einstiegstext in seine Tätigkeit als Vorleser (vgl. S. 42), da Hanna wissen möchte, was Michael in der Schule lernt und wie Griechisch klingt.

Aus seiner Schulzeit behält er die *Odyssee* als „Geschichte einer Heimkehr" (S. 173) in Erinnerung, jedoch ändert sich im Laufe seines Lebens sein Verständnis:

> *Aber es ist nicht die Geschichte einer Heimkehr. Wie sollten die Griechen, die wissen, daß man nicht zweimal in denselben Fluß steigt, auch an Heimkehr glauben. Odysseus kehrt nicht zurück, um zu bleiben, sondern um erneut aufzubrechen. Die Odyssee ist die Geschichte einer Bewegung, zugleich zielgerichtet und ziellos, erfolgreich und vergeblich.* (ebd.)

Der Aspekt der „Bewegung" steht für Michael von nun an im Vordergrund, was ihn Parallelen zu seinem beruflichen Forschungsgebiet, der Rechtsgeschichte, entdecken lässt: „Was ist die Geschichte des Rechts anderes!" (ebd.)

Aber auch privat ist der Text für ihn weiterhin von Bedeutung. In der Phase nach der Trennung von seiner Ehefrau gibt die Lektüre des Epos ihm Halt. Da in seiner Gedankenwelt noch immer Hanna dominiert, beginnt er, ihr auf Kassette vorzulesen (vgl. S. 174). Die *Odyssee* bildet also – wie im ersten Teil des Romans – auch hier den Auftakt zu ihrer Kommunikation, die sich des Mediums der Literatur bedient.

Der Michael prägende Gegensatz von „Heimkehr und Bewegung" zeigt sich auch in seinen **Träumen**. So träumt der Protagonist immer wieder in verschiedenen Variationen von dem **Haus in der Bahnhofstraße**, Hannas Heidelberger Wohnsitz. Während das Haus für Heimkehr und Geborgenheit steht, die Michael bei Hanna sucht, symbolisiert der Straßenname „Bahnhofstraße" Bewegung. Michael sieht dieses Haus in verschiedenen Kontexten: sowohl in der Stadt als auch auf dem Land. Die Umgebung wechselt und es „ist von Feldern umgeben, Raps, Korn oder Wein in der Pfalz, Lavendel in der Provence" (S. 10). Das Innere des Hauses kann er nicht erkennen, die Fenster sind ganz staubig. Menschen sind nicht anwesend. Jedes Mal kehrt Michael im Traum um, geht die Stufen des Hauses hoch und drückt die Klinke, öffnet aber die Tür nicht (vgl. S. 11). Der Zugang bleibt ihm verwehrt, was das Scheitern seiner Beziehung zu Hanna vorwegnimmt. Selbst nach Hannas Tod träumt Michael auf seiner Amerikareise weiterhin von einem Haus (vgl. S. 199 f.). Doch dieses Mal ist auch Hanna da, allerdings sieht sie anders aus, als er sie kennengelernt hat: „Hanna war [...] schöner als früher, mit dem Alter noch gelassener in ihren Bewegungen und in ihrem Körper noch mehr zu Hause" (S. 199). Diese Idealisierung kann darauf hindeuten, dass Michael Hannas reale Vergangenheit noch nicht verinnerlicht hat. Es fällt ihm schwer, ihre NS-Vergangenheit zu akzeptieren und in sein Leben zu integrieren. Außerdem fährt Hanna im Traum Auto, obwohl sie real keinen Führerschein hat, und lebt in Amerika, während sie im wirklichen Leben nicht englisch spricht (vgl. S. 200). Michael stellt fest, dass es nur vordergründig um Hanna geht, der Grund für seine Träume aber ein anderer ist: „Ich wußte auch, daß die Sehnsucht sich an ihr festmachte, ohne ihr zu gelten. Es war die **Sehnsucht danach, nach Hause zu kommen**." (ebd.)

Dennoch verweisen auch seine anderen Träume auf die besondere Bedeutung Hannas für sein Leben. Neben seinen Hausfantasien erwähnt Michael seine sexuellen Träume, beispielsweise nach seiner ersten Begegnung mit Hanna (vgl. S. 20) oder auch später, als er sie sich, nun im Wissen um ihre NS-Vergangenheit, als die grausame Aufseherin vorstellt (vgl. S. 141 f.).

Die Fahrt in der Straßenbahn während seiner Osterferien kommt ihm „wie ein böser Traum" (S. 47) vor, weil Hanna ihn nicht beachtet. Ihm wird bewusst:

> *Aber das Aufwachen aus einem bösen Traum muß einen nicht erleichtern. Es kann einen auch erst richtig gewahr werden lassen, was man Furchtbares geträumt hat, vielleicht sogar welcher furchtbaren Wahrheit man im Traum begegnet ist.* (ebd.)

Michaels Schwierigkeit besteht darin, seine Erlebnisse mit Hanna zu verarbeiten, wobei die Träume deutlich seine Heimatlosigkeit anzeigen, derer er sich auch in wachem Zustand bewusst ist. Erst durch die Verschriftlichung seiner Geschichte kann er seinen Frieden damit machen. Mithilfe des Niederschreibens seiner Erlebnisse stellt Michael eine Verbindung zur Außenwelt her.

Die Öffnung nach außen wird im Roman durch das Bild der **Fenster** symbolisiert. So sind, wie oben erwähnt, die Fenster in Michaels Hausträumen blind; der Protagonist schafft es nicht, aus seiner Außenperspektive einen Zugang zu Hannas Innenleben zu bekommen. Aber auch die Beziehung der beiden zeichnet sich durch eine starke **Isolation** aus. Während Michael alleine zunächst noch eine klare Sicht auf seine Umgebung hat, z. B. aus seinem Klassenzimmer auf den Heiligenberg (vgl. S. 65), ziehen sich die beiden als Paar aus der Außenwelt zurück: Beispielsweise lieben sie sich regelmäßig in Hannas Wohnküche, die keine Fenster hat (vgl. S. 13). Auch bei Hannas Besuch in Michaels Elternhaus wird ihr durch die Dunkelheit der Blick nach draußen verwehrt und fällt auf sie selbst zurück: „Beim Fenster blieb sie stehen, sah in die Dunkelheit, auf den Widerschein der Bücherregale und auf ihr Spiegelbild" (S. 61). Im Gerichtssaal während des Prozesses lässt Milchglas zwar viel Licht herein, verhindert aber den Blick nach draußen (vgl. S. 90 f.). Dieser wird Hanna auch später nicht mehr ermöglicht, denn in ihrer Gefängniszelle gibt es statt eines Fensters nur Glasbausteine (vgl. S. 193). Michael hingegen kann zwar durchaus noch nach draußen schauen, zieht sich aber in sich selbst zurück; so nimmt er z. B. auf seiner Zugfahrt nach dem Besuch beim Richter die Umgebung wahr, fühlt aber nichts (vgl. S. 155).

Auffälligerweise hat auch Michaels Vater, der Philosophieprofessor, in seinem Büro keinen unverstellten Zugang zur Außenwelt: „Hier wie dort weiteten die Fenster den Raum nicht in die Welt draußen, sondern hängten diese in das Zimmer wie Bilder." (S. 135)

Neben dem Fenster-Motiv kommt auch dem **Wasser** eine symbolische Bedeutung zu: In der Beziehung von Hanna und Michael spielt es eine wichtige Rolle. Bereits bei ihrer ersten Begegnung wäscht Hanna Michael, der sich aufgrund seiner Gelbsucht auf der Straße übergeben hat. Einige Zeit später wird Wasser der Ausgangspunkt für ihre sexuelle Affäre: Da Michael sich mit Kohle beschmutzt hat, wird er von Hanna gebadet und die beiden schlafen zum ersten Mal miteinander (vgl. S. 25 ff.). Fortan gehört das Duschen zu ihrem Liebesritual (vgl. S. 33), was für Hanna jedoch wichtiger ist als für Michael, der ihren Körpergeruch liebt. „Sie war von peinlicher Sauberkeit" (S. 33). Ihr dauerhaftes Bedürfnis, sich zu säubern, kann als ihr **Wunsch, sich von ihrer Schuld reinzuwaschen**, interpretiert werden. Für diese Deutung spricht auch, dass sie im dritten Teil des Romans nach Einsicht in ihre Schuld ihrem Geruch keine Bedeutung mehr zumisst und ihre penible Reinlichkeit aufgibt (vgl. S. 196 f.). Durch seine Beziehung zu Hanna bekommt der Waschvorgang für Michael allerdings auch eine besondere Bedeutung. Beispielsweise kann Hanna ihn durch ein Bad nach einem Streit wieder besänftigen (vgl. S. 49). Doch Wasser dient den beiden nicht nur als Bindeglied, es sorgt auch für ihre Entfremdung: Das Schwimmbad wird der Ort des gesellschaftlichen

Lebens der Klasse (vgl. S. 70) und hält Michael immer mehr von seiner Geliebten fern. Bezeichnenderweise beschreibt der Erzähler seinen letzten Geschlechtsverkehr mit Hanna vor ihrem Weggang mithilfe der Wassermetaphorik: „Aber es war, als wolle sie mit mir zusammen ertrinken." (S. 77)

Das Motivgeflecht sorgt für einen inneren Zusammenhang des Romans. Insgesamt illustriert es die **innere Zerrissenheit Michaels** und seinen Versuch, mit seinen Erlebnissen ins Reine zu kommen.

4 Aufbau und Textstruktur

Das letzte Kapitel liefert den Schlüssel für den Aufbau des Romans: Der Protagonist Michael Berg schreibt im Jahr 1994 seine Geschichte auf, um seine Vergangenheit zu bewältigen. Dabei entsteht eine Version, die „in einer Weise rund, geschlossen und gerichtet [ist], daß sie [ihn] nicht mehr traurig macht" (S. 206). Dabei betont er, wie dicht die verschiedenen Schichten seines Lebens aufeinander liegen, sodass „uns im Späteren immer Früheres begegnet, nicht als Abgetanes und Erledigtes, sondern gegenwärtig und lebendig" (ebd.). Der Erzähler kann aus seiner **Erzählgegenwart** auf die **vergangene Handlung** zurückgreifen, sie zum Leben erwecken, diese aber auch durch Kommentare und Reflexionen erläutern oder hinterfragen. Er wechselt also häufig von der Erzählebene auf die Handlungsebene und umgekehrt (vgl. *Interpretationshilfe*, S. 64 f.).

Die Darstellung der Handlung orientiert sich an den Phasen der Beziehung zwischen Michael und Hanna: der Liebesbeziehung, dem Wiedersehen vor Gericht und seinem Leben nach Hannas Verurteilung. Folglich ist der Roman in **drei Teile** gegliedert, die wiederum in kurze, thematisch in sich abgeschlossene Kapitel unterteilt sind. Meistens beginnt jedes Kapitel mit einem ankündigenden Satz und wird im letzten Satz noch einmal kurz zusammengefasst. Während der erste und zweite Teil aus jeweils 17 Kapiteln bestehen, umfasst der dritte Abschnitt nur zwölf Kapitel. Ihre Nummerierung – der zweite und dritte Teil fangen jeweils wieder bei Kapitel 1 an – weist auf die Abgeschlossenheit der einzelnen Teile hin. Die Handlung wird weitgehend chronologisch erzählt, wobei durch den Wechsel von der Erzähl- zur Handlungsebene Rückblicke und Vorausdeutungen möglich sind. Im zweiten Teil werden die Rückblicke zur Aufarbeitung von Hannas Vergangenheit entscheidend und durchbrechen die Linearität der Erzählung.

Jeder Teil hat einen inhaltlichen und dadurch bestimmten zeitlichen und örtlichen Schwerpunkt. So geht es im **ersten Abschnitt** um die Liebesbeziehung zwischen dem Jugendlichen und der Straßenbahnschaffnerin im Jahr 1959 in einer Stadt, die aufgrund der Hinweise im Text als Heidelberg zu erkennen ist. Die beiden konzentrieren sich vollkommen auf die Gegenwart, weder Vergangenheit noch Zukunft spielen eine Rolle. Ihre Liebe leben sie überwiegend in der heimischen Wohnküche von Hanna aus, wobei die Badewanne als Teil ihres gemeinsamen Rituals ihre Zusammengehörigkeit symbolisiert. Die anderen Orte aus der Lebenswelt der beiden (z. B. Straßenbahn oder Schule) dienen nur als Nebenschauplätze und stellen eher eine Bedrohung für ihre Liebe dar. Insgesamt umfasst dieser Teil eine Zeitdauer von einem dreiviertel Jahr.

Zwischen dem ersten und zweiten Teil der Erzählung liegen sieben Jahre, von denen nur in Ansätzen und stark gerafft im ersten Kapitel des zweiten Teils die Rede ist.

Der **zweite Teil** beschreibt dann den Prozess im Jahr 1966 und bildet somit im doppelten Sinn den Kern des Romans. Wahrscheinlich wird hier auf die Auschwitz-Prozesse in Frankfurt am Main Bezug genommen. Der zentrale Ort ist der Gerichtssaal. Dem steht kontrastiv der Wald gegenüber, in dem

Michael Hannas Analphabetismus bewusst wird. Ansonsten spielen Räume eine Rolle, die in Zusammenhang mit der Tätergeneration stehen, wie z. B. das Konzentrationslager Struthof, der Gasthof im Elsass oder die Dienstzimmer des Richters und des Vaters. Der Prozess dauert vier Monate. Zur Rekonstruktion der Ereignisse wird aber auch konkret auf die NS-Zeit eingegangen, die Vergangenheit wird also zum eigentlichen Bezugspunkt in diesem Teil.

Der **dritte Teil** beschäftigt sich mit der Zeit nach Hannas Verurteilung 1966 bis zu ihrem Tod im Jahr 1984. Das letzte Kapitel macht sogar noch einen Zeitsprung um zehn Jahre bis in die Erzählgegenwart im Jahr 1994. Damit deckt der aus nur 12 Kapiteln bestehende Teil eine Zeitspanne von über 20 Jahren ab. Der Unterschied zwischen Erzählzeit und erzählter Zeit ist hier also am größten, was sich in einer verstärkt berichtenden Erzählweise niederschlägt. Während zunächst die ersten Jahre als Übergang stark raffend skizziert werden, hebt der Erzähler dann ab 1974 einzelne Ereignisse stärker heraus. Das Gefängnis bildet den bestimmenden Ort. Ansonsten werden noch der Friedhof, auf dem der Professor beigesetzt wird, die Wohnung für Hanna und die Wohnung der Tochter in New York erwähnt.

Die drei Teile werden einerseits durch die Handlung miteinander verknüpft – so erfolgt zu Beginn eines neuen Teils stets eine Überleitung zu der nächsten Phase – andererseits aber auch durch das Motivgeflecht, z. B. die *Odyssee*, miteinander verbunden (vgl. *Interpretationshilfe*, S. 54 ff.). Interessant ist, dass sowohl der erste als auch der dritte Teil mit einer Erkrankung Michaels beginnen und somit einen Rahmen für das Herzstück des Romans, die Anklage der KZ-Aufseherinnen, bilden.

Der Aufbau des Romans

„Seit einigen Jahren lasse ich unsere Geschichte in Ruhe. [...] Und sie ist zurückgekommen, Detail um Detail und in einer Weise rund, geschlossen und gerichtet, daß sie mich nicht mehr traurig macht." (S. 206)

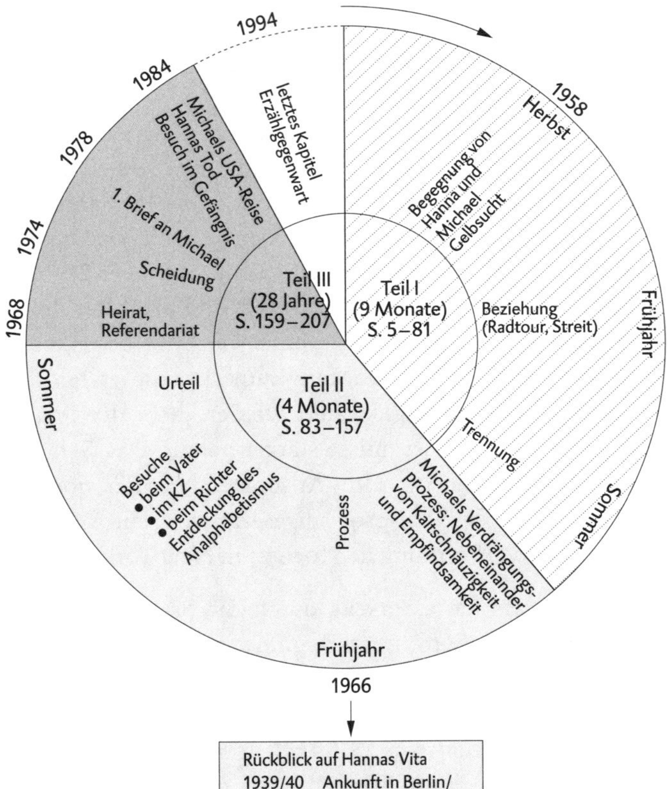

Rückblick auf Hannas Vita	
1939/40	Ankunft in Berlin/ Arbeit bei Siemens
1943–45	Aufseherin im Lager bei Krakau

„Die Schichten unseres Lebens ruhen so dicht aufeinander auf, daß uns im Späteren immer Früheres begegnet, nicht als Abgetanes und Erledigtes, sondern gegenwärtig und lebendig." (S. 206)

5 Erzähltechnik

Ralph Fiennes als Michael

Die **fiktiv-autobiografische Anlage** des Romans bestimmt die Erzählsituation: Michael Berg ist der **Ich-Erzähler**, der den Leser an seinem Versuch der Vergangenheitsbewältigung teilhaben lässt. Er will sich der Motive seines Handelns bewusst werden. In seinem Kopf hat Michael viele verschiedene Versionen seiner Geschichte verfasst. Erst zehn Jahre nach Hannas Tod findet er den notwendigen Abstand, um eine endgültige Fassung zu Papier zu bringen, die seiner Meinung nach die richtige ist, da er „sie geschrieben und die anderen Versionen nicht geschrieben [hat]" (S. 205). Diese Begründung zeugt von einem hohen Maß an **Authentizität**. Der Erzähler bemüht sich, die Ereignisse seines Lebens, seine Gefühle und Empfindungen wieder lebendig werden zu lassen.

Dabei thematisiert er offen seine Erinnerungslücken: So weiß er von seinem ersten Besuch bei Hanna nicht mehr, ob er noch anderen Menschen im Treppenhaus begegnet ist, ob er den intensiven Putzmittelgeruch wahrgenommen hat oder wie er sie begrüßt hat (vgl. S. 12 f.).

Bei der Niederschrift seiner Geschichte lässt er sich von **Bildern** leiten, die ihm im Gedächtnis geblieben sind. Dazu gehören etwa: Hanna vor dem Bücherregal, Hanna beim Anziehen ihrer Strümpfe, Hanna vor der Badewanne oder auf dem Fahrrad im blauen Kleid (vgl. S. 61 f.). Aber auch hier wird die Rekonstruktion der Erinnerung schwierig, weil sich verschiedene Bilder übereinanderlegen. So kann Michael sich beispielsweise nicht mehr an Hannas junges Gesicht erinnern, da sich ihre späteren

Gesichter darüberschieben (vgl. S. 14). Qualvoll wird es für Michael, als die Bilder nach der Aufdeckung von Hannas NS-Vergangenheit in seinem Kopf durcheinandergeraten:

> *Hanna, die mich mit den kalten Augen und dem schmalen Mund liebt, die mir wortlos beim Vorlesen zuhört und am Ende mit der Hand gegen die Wand schlägt, die zu mir redet und deren Gesicht zur Fratze wird.* (S. 141)

So wie die verschiedenen Bilder sich übereinanderlegen, scheinen die verschiedenen Schichten des Lebens ineinander auf (vgl. S. 206). Das wirkt sich auch auf das **Erzählverhalten** aus. Zum einen schreibt Michael **auktorial** aus der **Erzählgegenwart**, also als erzählendes Ich; er kennt bereits den Fortgang seiner Geschichte, kann Rückblicke bzw. Vorausdeutungen machen, Reflexionen anstellen und auch den Schreibvorgang selbst thematisieren. Zum anderen kann er sich als **erlebendes Ich** in die Situation hineinversetzen und **personal** mit dem Kenntnisstand des jüngeren Michael erzählen. Bei diesem fiktiv-autobiografischen Schreiben stellt sich natürlich die Frage, wie authentisch die Gedanken und Gefühle des Schülers sein können, wenn sie nach einem zeitlichen Abstand von Jahrzehnten festgehalten werden. Gerade unter Berücksichtigung der offenbarten Erinnerungslücken besteht die Möglichkeit, dass teilweise eine Interpretation des alten Ichs vorliegt, welches dem jungen eine bestimmte Sichtweise in den Mund legt und so seiner Geschichte eine passende Form verleiht. Der Leser nimmt die jeweilige Situation immer durch Michaels Augen wahr, wie z. B. Hannas erotische Ausstrahlung, während sie die Strümpfe anzieht:

> *Ich konnte die Augen nicht von ihr lassen. Von ihrem Nacken und von ihren Schultern, von ihren Brüsten, die das Unterkleid mehr umhüllte als verbarg, von ihrem Po, an dem das Unterkleid spannte, als sie den Fuß auf das Knie stützte und auf den Stuhl setzte, von ihrem Bein, zuerst nackt und blaß und dann im Strumpf seidig schimmernd.* (S. 15)

Gerade im ersten Romanteil gibt es viele Stellen szenischer Darstellung (vgl. *Interpretationshilfe*, S. 73 ff.), die den Rezipienten mit in die Situation eintauchen lassen. Der Leser kann sich mit Michael identifizieren und baut dadurch auch zu Hanna eine Beziehung auf. Er bleibt dabei auf Michaels Informationen angewiesen, die im Roman aber ganz bewusst vermittelt werden. Obwohl Hannas Biografie dem *erzählenden Ich,* was sich auch in den beiden ersten Romanteilen in Reflexionen und Einschüben immer wieder zeigt, bereits bekannt ist, wird sie dem Leser zunächst vorenthalten. Dieser befindet sich auf dem Kenntnisstand des jungen Michael und muss sowohl Hannas NS-Vergangenheit als auch ihren Analphabetismus erst Schritt für Schritt mit ihm entdecken. Dadurch überträgt sich Michaels Gewissenskonflikt zwischen Verstehen und Verurteilen auch auf den Leser, der durch diesen erzähltechnischen Kniff gezwungen wird, hinter der grausamen KZ-Aufseherin auch den geliebten Menschen zu sehen. Die **moralischen Fragen**, die Michael sich insbesondere am Ende des zweiten und im dritten Teil stellt, in denen die Reflexionen stark zunehmen, werden so **an den Leser weitergegeben**, der für sich selbst eine Antwort finden muss.

Diese Perspektive, welche die menschliche Seite der Täter zeigt, hat in der Rezeption des Romans für viel Diskussionsstoff gesorgt (vgl. *Interpretationshilfe*, S. 89 f.). Die Erzähltechnik hat also für die Wirkung des Romans große Bedeutung.

6 Sprache

Der Effekt der Aufrichtigkeit wird durch eine **klare, einfache Sprache** unterstützt. In knappen, unpathetischen Sätzen setzt Michael sich mit seinem Leben auseinander. Dabei achtet er in seinen Beschreibungen auf **Exaktheit und Präzision**, in seinen Reflexionen wird er dagegen philosophisch. Dieser Stil ist keinesfalls banal. Hanns-Peter Reisner spricht von „Schlichtheit und Fülle“[14] und verweist auf die empathische Beschreibung von Michaels Fieberfantasien während seiner Krankheit (vgl. S. 19 f.).

Michael tastet sich mithilfe der Sprache an seine Geschichte heran. Vielfach **wiederholt** er daher Ausdrücke, damit die Situation klarer wird: „Schon seit Tagen war ich schwach gewesen, so schwach wie noch nie in meinem Leben. […] Ich schämte mich, so schwach zu sein. Ich schämte mich besonders, als ich mich übergab“ (S. 5 f.). Daneben verwendet er häufig auch verschiedene Begriffe, um sich einem Ereignis verbal anzunähern, und formuliert in Form einer **dreischrittigen Aufzählung:** „Ich erwartete sie […] traurig, ängstlich und wütend“ (S. 47), „Ich hatte gedankenlos, rücksichtslos, lieblos gehandelt“ (S. 49) oder „[…] bettelte ich darum, daß sie mir wieder gut ist, mir verzeiht, mich liebt“ (S. 50). Die Dinge bzw. Gefühle erscheinen Michael nicht so klar, als dass er sie mit einem einzigen Begriff benennen könnte. Die Welt ist für ihn zu komplex, teilweise undurchschaubar.

Durch **Fragen** versucht er (sowohl als erzählendes wie auch als erlebendes Ich), sich die Sachverhalte zu erschließen, was wiederum sehr authentisch wirkt. Auch diese charakteristischen Fragen erscheinen oft in Dreiergruppen, z. B. „Oder wollte sie keinen Versager zum Geliebten? Aber war ich ihr Geliebter? Was war ich für sie?“ (S. 37). Oftmals bleiben die Antworten auf diese Fragen offen.

Wenn er zu Erkenntnissen gelangt, werden diese vielfach in Form einer **Sentenz** ausgedrückt, z. B. bei seinen Ausführungen über das Verhältnis von Denken und Handeln (vgl S. 21 f.) oder im Zusammenhang mit seiner Bindungsunfähigkeit: „Weil die Wahrheit dessen, was man redet, das ist, was man tut, kann man das Reden auch lassen.“ (S. 166)

Insgesamt stellt Michael sich der fehlenden Eindeutigkeit und Konsequenz in seinem Leben und benennt die **Kontraste** und auftretenden **Ambivalenzen**, z. B. wenn er aufzeigt, dass er Hanna zugleich verstehen und verurteilen will (vgl. S. 151 f.), oder wenn er die Reaktion auf das Gesprächsangebot des Vaters beschreibt: „Ich glaubte ihm nicht und nickte" (S. 139). Die Sprache spiegelt prägnant die Komplexität der inhaltlichen Ebene wider.

7 Literarische Form

Der Vorleser trägt den Untertitel „**Roman**". Damit ist er als **fiktional** gekennzeichnet und seine Gattungszugehörigkeit festgelegt. Schlink betont in einem Spiegel-Gespräch im Jahr 2000 die Wichtigkeit einer fiktionalen Herangehensweise:

> *Wir brauchen alles, um Geschichte lebendig zu machen: die wissenschaftliche, die dokumentarische, die filmische und die literarische Vergegenwärtigung. [...] Das Authentische beginnt überhaupt erst zu leben, wenn wir mit unserer Fantasie herangehen.*[15]

Von seiner Erzählsituation her lässt sich *Der Vorleser* als **autobiografischer Roman** bezeichnen. Orientiert man sich für eine nähere Bestimmung an thematischen Kriterien, fällt erneut die Vielschichtigkeit des Plots auf. Zum einen ist im *Vorleser* die Beziehung zwischen Michael und Hanna zentral, sodass man von einem **Liebesroman** sprechen kann. Zum anderen reift während der Handlung Michael vom Jungen über eine Phase der Orientierungslosigkeit zum erwachsenen Mann, was stark an einen **Bildungs- und Entwicklungsroman** erinnert. Sieht man in Michael den Repräsentanten seiner Generation und betrachtet seinen Fall als typisch für den Umgang der zweiten Generation mit der NS-Zeit, ist die Kategorisierung „**Gesellschaftsroman**" passend. Das Verfahren, mit dem Hannas Verbrechen plötzlich in die Handlung einbricht und dann rückblickend enthüllt wird, enthält zudem Ansätze eines **Kriminal- und Detektivromans**.

Eine eindeutige Festlegung würde dem Roman nicht gerecht, da sein besonderer Reiz genau in dieser **Vielschichtigkeit** liegt.

8 Interpretation von Schlüsselstellen

Das erste Kapitel: Das erste Zusammentreffen von Michael und Hanna (S. 5–7)

Das Eingangskapitel beschreibt das Kennenlernen von Hanna und Michael: Der Protagonist übergibt sich im Oktober auf dem Rückweg von der Schule auf offener Straße und lässt sich von einer Frau helfen. Sie wäscht ihn und begleitet den Jungen nach Hause. Da bei ihm eine Gelbsuchtserkrankung diagnostiziert wird, muss er ein paar Monate das Bett hüten. Wieder genesen, geht er auf Geheiß seiner Mutter mit einem Blumenstrauß zu der Frau, um sich zu bedanken.

Wie die Exposition im Drama führt das erste Kapitel in den Roman ein: Der Leser erfährt bereits einiges über die **Hauptcharaktere**. Zwar wird der Name des Protagonisten, der auch als Ich-Erzähler fungiert, noch nicht genannt, aber der Leser weiß bereits, dass er zu Beginn der Handlung fünfzehn Jahre alt und Schüler ist. Er wohnt in einer bürgerlichen Gegend, der Blumenstraße, im zweiten Stock eines wuchtigen Hauses (vgl. S. 5). Seine Schwäche erfüllt ihn mit Scham. Er wirkt sehr verletzlich, wie seine Tränen zeigen (vgl. S. 6), und tut, was die Frau ihm sagt. Typisch für einen Pubertierenden ist seine körperliche Unbeholfenheit: „Ich […] wußte nicht, was ich mit meinen Armen machen sollte“ (S. 6 f.). Durch seine Krankheit wird er aus seinem Alltag gerissen, muss im Bett liegen und kann das Leben nur aus der Distanz wahrnehmen: „Ich […] hörte die Kinder im Hof spielen.“ (S. 5)

Seinen **Gegenpart** übernimmt die **Frau**. Ihr Name wird vom Erzähler noch nicht verraten, da er ihn zu diesem Zeitpunkt der Handlung noch nicht kennt. Auch ihr Alter wird noch nicht bestimmt. Wegen der Bezeichnung „Frau“ muss es sich aber um eine Erwachsene handeln: Der **Altersunterschied** zu dem „Jungen“ wird bereits offensichtlich. Sie wohnt in einem Haus in der Bahnhofstraße: Der Hausgang wird als dunkel beschrieben, im Hof befindet sich eine Sägewerkstatt und lagert Holz. Zwischen den Fenstern hängt Wäsche auf der Leine (vgl. S. 6). Aufgrund dieser Beschreibung kann man das Haus dem Arbeitermilieu zuordnen. Der Junge und die Frau scheinen also **unterschiedlichen Schichten** anzugehören. Im Gegensatz zu dem verschämten Jungen wirkt die Frau energisch und kann ordentlich zupacken: Sie zaudert nicht lange, sondern „klatscht“ (S. 6) ihm Wasser ins Gesicht. Die Wortwahl unterstreicht die Rohheit ihrer forschen Vorgehensweise: „Die Frau, die sich meiner annahm, tat es fast grob“ (ebd.). Dazu passt auch ihr Befehlston: „Nimm den anderen!“ Durch ihre bestimmende Art wirkt sie Michael überlegen, doch hat die Helferin auch eine weiche Seite: Als sie den Buben weinen sieht, schließt sie ihn in ihre Arme und nennt ihn „Jungchen“ (ebd.). Auffällig ist, dass sie sofort handelt und einen fremden Jungen in ihre Arme schließt. Sie hat körperlich offensichtlich keine Berührungsängste. Dabei enthält diese Umarmung durchaus erotische Ansätze: Der Junge spürt ihre Brüste und riecht ihren frischen Schweiß (vgl. ebd.). Dem stellt der Erzähler seinen „schlechten Atem“ gegenüber, was seine Unsicherheit verstärkt. Gesprochen wird indessen nicht viel. Ihr Befehl und ihr Kosewort sind die einzigen Einschübe in direkter Rede. In indirekter Rede wird noch erwähnt, dass sie Michael nach seiner Adresse fragt (vgl. S. 7). Ansonsten wird die Begegnung der beiden durch konkrete Handlungen und nicht durch ein Gespräch bestimmt.

Für den Erzähler haben sein Zusammenbruch auf der Straße und die daraus resultierende Begegnung mit der Frau eine **besondere Bedeutung für sein Leben**. Darauf bereitet er den Leser vor, indem er die Einmaligkeit seiner Schwäche betont: „[Ich war] so schwach wie noch nie in meinem Leben“ (S. 5). Und er wiederholt nach seinem Erbrechen: „Auch das war mir noch nie in meinem Leben passiert“ (S. 6). Der Kollaps im Oktober bedeutet für ihn einen Einschnitt: „Je kälter und dunkler das alte Jahr wurde, desto schwächer wurde ich“ (S. 5). Nachdem ihn die Krankheit isoliert hat, beginnt mit seiner Genesung ein neues Leben, was durch den Beginn eines neuen Jahres und die steigenden Temperaturen widergespiegelt wird: „Erst mit dem neuen Jahr ging es aufwärts“ (ebd.). Auch wird Michael wieder offen für Empfindungen und registriert im Februar den Gesang einer Amsel (vgl. ebd.). Seinen Weg in die Bahnhofsstraße bezeichnet er als „ersten Weg“. Der Leser beginnt zu ahnen, dass nun etwas Neues in Michaels Leben geschehen wird und dass ihm ein **Initiationserlebnis** bevorsteht.

Die besondere Bedeutung dieser Begegnung spiegelt sich auch in der **Erzählstruktur**. Der Ich-Erzähler erzählt zunächst stark zeitraffend: „Die Krankheit begann im Herbst und endete im Frühjahr“ (ebd.). Dann geht er aber in der Chronologie der Ereignisse zurück (was er durch die Verwendung des Plusquamperfekts anzeigt), um dem Leser seinen Gang in die Bahnhofstraße verständlich zu machen. Das Zusammentreffen mit der Frau wird deswegen als Schlüsselerlebnis nahezu zeitdeckend beschrieben und dem Leser detailreich vorgeführt. Der Erzähler stellt dar, enthält sich aber wertender Kommentare. Am Ende des Kapitels wird wieder raffend berichtet, dass Michael seiner Mutter „irgendwann“ (S. 7) von der Frau erzählt, woraufhin er zu ihr geschickt wird. Der letzte Satz des Kapitels, „So ging ich Ende Februar in die Bahnhofstraße“ (ebd.), greift die erste Aussage, „Mein erster Weg führte mich […] in die Bahnhofstraße“

(S. 5), leicht variiert wieder auf. Diese abgewandelte Wiederholung zeigt zum einen die **Bedeutung dieses Gangs für sein Leben**, zum anderen lässt die veränderte Chronologie die Erzählung authentisch erscheinen. Die Erzählung ist nicht bereits fertig, sondern der Erzähler befindet sich während seines Schreibprozesses **auf der Suche nach der Anordnung seiner Erinnerungen**. So kann er auf der einen Seite rückblickend erzählen und dabei auch personal die Sicht des 15-Jährigen einnehmen, z. B. als er detailliert das Erbrechen schildert. Auf der anderen Seite kann er aus der Erzählgegenwart, also im vollen Wissen um die späteren Ereignisse und Folgen, die Geschehnisse kommentieren. Im ersten Kapitel macht er davon nur an einer Stelle Gebrauch, die aus diesem Grund sehr aufschlussreich ist: „Ich glaube nicht, daß ich sie sonst besucht hätte“ (S. 7). Der Erzähler beschäftigt sich also zum Zeitpunkt der Niederschrift noch mit diesem Besuch, wobei er für diesen jegliche Verantwortung ablehnt und sich distanziert, indem er den Impuls seiner Mutter zuschreibt. Das erste Kapitel kann demnach als **Rechtfertigung** für das Verhalten des Erzählers gelesen werden.

Stilistisch zeichnet sich das erste Kapitel durch die bereits genannten Wiederholungen von Sätzen in leichter Variation, aber auch durch das Wiederaufgreifen einzelner Wörter, wie beispielsweise „schämen“, aus. Dadurch werden bestimmte Aspekte, wie Michaels Unsicherheit, besonders hervorgehoben. Für Schlink typisch sind seine Aufzählungen in Dreierschritten: „Dann stützte ich mich an die Hauswand, sah auf das Erbrochene zu meinen Füßen und würgte hellen Schleim“ (S. 6). Oder: „[...] einen Blumenstrauß kaufen, mich vorstellen und bedanken [...]“ (S. 7). Auffällig ist, dass in der Darstellung von Hannas Hilfeleistung die Sätze überwiegend mit „sie“, teilweise auch mit „ich“ beginnen, weswegen die beiden Pronomen ein besonderes Gewicht bekommen. Dies macht die Begegnung der beiden zum entscheidenden Moment und zum Auslöser der Handlung.

Vor dem Hintergrund des Gesamtromans wird deutlich, dass bereits im ersten Kapitel zentrale **Motive** auftauchen. So wird hier das Haus in der Bahnhofstraße, das Michael später in seinen Träumen verfolgen wird, eingeführt. Die Fenster, die in seinen Träumen blind sind, werden zumindest erwähnt (vgl. S. 6). „Wasser" verbindet die beiden auch schon in dieser Eingangsszene, da Hanna Michael wäscht. Auch wenn nicht von der *Odyssee* die Rede ist, spielt dennoch die Thematik des „Heimkehrens" eine Rolle, denn die Frau bringt den Jungen nach Hause.

Insgesamt führt das erste Kapitel die Charaktere und die zentralen Motive ein, beleuchtet die Erzählstruktur und motiviert den Leser so zur weiteren Lektüre. Michael legt hier die Grundlage, um seine Geschichte festzuhalten und sich ihr zu stellen. Wenn der Leser am Ende des Romans erfährt, welche Schwierigkeiten der Erzähler mit seinen Erlebnissen und ihrer schriftlichen Fixierung hat, wird deutlich, warum dieser authentisch klingende Anfang, seine Suche nach einer Erzählstruktur und letztendlich sein Rechtfertigungsbedürfnis für ihn so zentral sind.

Die Ambivalenz in der Beziehung von Michael und Hanna im Jahr 1959 (S. 47–50; S. 54–57)

Das Wesen einer Beziehung zeigt sich deutlich im Umgang mit Krisen. So führt Michael Berg zur Verdeutlichung im ersten Teil des Romans zwei Streitsituationen beispielhaft aus: zum einen die Auseinandersetzung bei seiner morgendlichen Straßenbahnfahrt, als er Hanna besuchen will (S. 47–50), zum anderen den Streit nach der misslungenen „Frühstücksüberraschung" in Amorbach während der gemeinsamen Radtour (S. 54–57). Eine Analyse der beiden Stellen zeigt Verhaltensmuster auf, die nach Aufdeckung des Analphabetismus im zweiten Teil des Romans (S. 126 f.) eine Umdeutung durch den Leser erfahren werden.

Streit nach der Straßenbahnfahrt (S. 47–50):
Michael ist in den Osterferien früh aufgestanden, um Hanna bei ihrer Arbeit in der Straßenbahn zu überraschen. Da er sich intime Liebesbezeugungen erhofft, ist er in den zweiten Wagen gestiegen, wird dort aber von seiner Geliebten, die sich im ersten Wagen befindet, ignoriert. Enttäuscht verlässt er die Bahn und geht zu Fuß nach Hause. Als er Hanna mittags wütend zur Rede stellen will, scheitert er an ihrer abweisenden, herrischen Art. Obwohl er sie wütend und – wie er glaubt – endgültig verlässt, kehrt er doch rasch wieder zurück, zeigt sich unterlegen und gibt nach. Zur Versöhnung schlafen die beiden miteinander. Infolge dieses Streits resigniert Michael und nimmt in Zukunft auch nicht begangene Fehler auf sich, um Hanna nicht zu verlieren.

Hanna (Kate Winslet) als Straßenbahnschaffnerin

Während der Darstellung dieses Streits wechselt, wie für den Roman typisch, mehrfach das **Erzählverhalten** vom erzählenden Ich zum erlebenden Ich. Dabei dienen die Passagen des erzählenden Ichs zum einen dazu, die Bedeutung des Streits für das weitere Leben hervorzuheben (z. B. „in so deutlicher Erinnerung“, S. 47; „aber sein Ergebnis hatte Bedeutung“, S. 50), zum anderen dazu, reflektierende Fragen bezüglich Hannas Verhalten aufzuwerfen (z. B. „Ob sie nur ein Machtspiel hatte gewinnen wollen.“, S. 49). Bei der Darstellung des Streits selbst dominieren dagegen die szenische Erzählweise und der Dialog zwischen Hanna und Michael. Hier wird aus der Sicht des erlebenden Ichs, ohne das Wissen des alten, erzählenden Michaels, berichtet. Dadurch wird eine große Unmittelbarkeit erzielt und das Urteilsvermögen des Lesers herausgefordert.

Der Leser wird Zeuge von **Hannas rhetorischer Taktik**, die dem Jungen einen verbalen Angriff unmöglich macht. Sie empfängt Michael direkt mit dem Vorwurf, die Schule geschwänzt zu haben, wodurch der Junge in die Defensive gerät. Erst nach einer Rechtfertigung kann er von seiner Geliebten eine Erklärung für ihr Verhalten verlangen. Doch die verdreht statt einer Antwort die Frage: „Was soll heute morgen losgewesen sein?“ Und auch auf Michaels zweiten Vorstoß reagiert sie entsprechend („Ich habe getan, als kenne ich dich nicht?“), um dann direkt zum Gegenangriff überzugehen: „Du hast mich nicht kennen wollen“ (S. 47). Dabei blickt sie ihr Gegenüber kalt an. Und auch auf seine Rechtfertigungsversuche reagiert sie nur ironisch: „Du armes Kind“ (S. 48). Immer wieder greift sie seine Worte auf und verkehrt sie in ihr Gegenteil: „Es scheint? Du meinst, [...]“ (S. 49). Michael ist dieser Taktik hoffnungslos unterlegen.

Auffällig ist, dass Hanna zwar mit Worten angreifen kann, jedoch unfähig ist, auf die Fragen „Verzeihst du mir?“ bzw. „Liebst du mich?“ (S. 49) zu antworten. Zur **Versöhnung** konzentriert sie sich auf ihr vertraute körperliche Tätigkeiten: das **Baden** und den **Beischlaf**.

Erzähltechnisch interessant sind die Fragen, die Michael als Erklärungsansatz formuliert: „Hatte sie vielleicht recht, nicht objektiv, aber subjektiv? Konnte, mußte sie mich falsch verstehen?“ (S. 48). Für den Leser ist an dieser Stelle, an der Hannas Analphabetismus noch nicht enthüllt worden ist, nicht ersichtlich, ob der junge Erzähler im Stile des alten reflektiert oder ob der alte Erzähler einen Interpretationshinweis bietet.

Sprachlich arbeitet der Erzähler zur Intensivierung häufig mit **Wiederholungen**. So wird bereits zu Beginn der Textstelle die

Bezeichnung der Bahnfahrt als „böser Traum" (S. 47) mehrfach wiederholt. Diesen Traum stellt er dem „Aufwachen" gegenüber, welches er durch die Alliteration „**w**ar **w**ie auf**w**achen" noch betont. Aber das Aufwachen ist für ihn keine Erlösung, sondern zeigt ihm, welcher „furchtbaren Wahrheit" (ebd.) er im Traum begegnet ist. Die mehrfache Verwendung des Adjektivs „furchtbar" illustriert die negativen Empfindungen Michaels. Sehr auffällig ist das Stilmittel der Wiederholung auch in den resignativen Reflexionen Michaels:

> *Ich verstand, daß sie gekränkt war. Ich verstand, daß sie nicht gekränkt war, weil ich sie nicht kränken konnte. Ich verstand, daß ich sie nicht kränken konnte, daß sie sich mein Verhalten aber einfach nicht bieten lassen durfte.* (S. 49)

Die mit einem Parallelismus verknüpfte Wiederholung lenkt das Augenmerk auf den widersprüchlichen Inhalt. Michael ist bereit, selbst paradoxe Aussagen zu akzeptieren. Eine solche **dreischrittige Aufzählung** ist typisch für den Stil des Romans: So wird Michaels Gefühlszustand zu Beginn der Textstelle als „traurig, ängstlich und wütend" (S. 47) bezeichnet oder werden in Bezug auf Hanna „ihr Blick, ihre Stimme und ihre Gesten" (S. 48) als abweisend beschrieben. Als sie ihn hinauswirft, macht sie ihm auch das in drei Schritten verbal deutlich: „Ich habe gearbeitet, ich will baden, ich will meine Ruhe haben" (S. 49).

Hanna beansprucht ihre **Küche**, in welcher der Streit stattfindet, für sich. Sie befindet sich auf ihrem Terrain, was ihr eine gewisse Sicherheit verleiht. Ursprünglich steht dieser Raum für Wärme und Geborgenheit, sodass der Kontrast zu ihrem Streit umso deutlicher hervortritt. Michael darf sich nur in ihrem „Revier" aufhalten, wenn er ihre Regeln akzeptiert.

Hanna wirkt dominant: Sie bestimmt. Michael ist unterlegen und muss sich ihr fügen. Durch den Beischlaf wird die Versöhnung vollzogen. Michaels kleiner Triumph, Hanna verletzlich erlebt zu haben, wirkt erbärmlich. Schließlich ist er vollständig von Hannas Zuwendung abhängig, für die er alles tun würde. Ihre verständnislose Art und ungerechten Angriffe lassen **Hanna in einem negativen Licht** erscheinen. Obwohl der Erzähler die nicht beantworteten Briefe erwähnt, ahnt der Leser an dieser Stelle noch nichts von Hannas Problem. Ihr Verhalten ist nicht nachvollziehbar und wirkt abstoßend.

Michael erkennt selbst, dass der Anlass des Streits ohne Bedeutung ist. „Aber sein Ergebnis hatte Bedeutung" (S. 50). Schließlich zeigt sich hier ein **typisches Verhaltensmuster der Beziehung**, das auch bei weiteren Auseinandersetzungen eine Rolle spielt: zum Beispiel in Amorbach, der Station während ihrer Radtour, deren Namen bereits ein liebevolles Beisammensein zu versprechen scheint.

Michael (David Kross) und Hanna (Kate Winslet) bei ihrer Radtour

Der Streit in Amorbach (S. 54–57):
Michael ist mit Hanna in den Osterferien für einige Tage mit dem Fahrrad unterwegs. In Amorbach möchte er die noch schlafende Hanna mit einem Frühstück überraschen, legt ihr deswe-

gen einen Zettel hin und macht sich auf den Weg. Bei seiner Rückkehr trifft er auf eine wütende Hanna, die ihn mit ihrem Gürtel schlägt und dann in Tränen ausbricht. Die beiden versöhnen sich, indem sie miteinander schlafen. Als Michael versucht, die Ursache des Streits zu ergründen, wird er von Hanna scharf abgewiesen. Sein Zettel ist verschwunden.

Der Verlauf des Streits ähnelt dem vorherigen. Auch in dieser Textstelle ist **Hanna dominant** und **Michael schwach**. Er kann das Verhalten seiner Geliebten nicht verstehen, muss es aber akzeptieren, um ihre körperliche Zuwendung nicht zu verlieren.

Formal zeigen sich ebenfalls **Gemeinsamkeiten:** So gibt es auch hier **Wechsel im Erzählverhalten**. Das erzählende Ich verweist z. B. am Ende der Textstelle durch das Gedicht (übrigens das einzige im gesamten Roman) auf die Bedeutung der Szene für Michael, da er dadurch sein damaliges Gefühl der gegenseitigen Nähe ausgedrückt sieht. Der konkrete Streit wird wieder aus der Sicht des erlebenden Ichs mithilfe eines großen Dialoganteils dargestellt. Erneut geht Hanna direkt zu Beginn in die Offensive: „Wie kannst du einfach so gehen!" (S. 54) Allerdings eskaliert die Situation in dieser Textstelle. Hanna kann sich mit Worten nicht ausreichend wehren und nimmt daher ihren Gürtel zu Hilfe. Michael ist fassungslos und hilflos. Von Zuhause ist er **physische Gewalt** nicht gewöhnt, sondern kennt nur das klärende Gespräch. Doch ihm fehlen die richtigen Worte, was er mit einer Frage an die Leser verdeutlicht: „Aber was sollte ich sagen?" (S. 55). Nach ihrer körperlichen Versöhnung kommt erneut Hannas Methode, durch das Aufgreifen von Michaels Worten eine klare Antwort auf seine Fragen zu vermeiden, zum Einsatz: „Was war los, was war los – wie dumm du immer fragst." (ebd.)

Auch in dieser Textstelle tauchen wieder **reflektierende Fragen des Erzählers** auf, die versteckte Hinweise auf die Ursache des Problems enthalten: „War alles ein Mißverständnis gewesen […]? Hätte ich weitersuchen sollen, nach dem Zettel, nach der Ursache von Hannas Wut, nach der Ursache meiner Hilflosigkeit?“ (S. 56)

Sprachlich spielt hier ebenfalls die Dreierreihe eine wichtige Rolle: „Sie ließ den Arm sinken und den Gürtel fallen und weinte.“ (S. 54)

Allerdings weist diese Textstelle neben der bereits erwähnten gewalttätigen Eskalation zwei weitere wesentliche Unterschiede im Vergleich mit der ersten analysierten Auseinandersetzung auf: Zum einen spielt sie **außerhalb von Hannas vertrauter Welt** und zum anderen bildet ein **Schriftstück** den Anlass des Streits. Der Zusammenhang zwischen diesen einzelnen Elementen ist mit dem Kenntnisstand der Leser zu diesem Zeitpunkt der Lektüre nur schwer zu erschließen. Vielmehr wirkt Hannas brutales Verhalten nicht nachvollziehbar. Michaels Gefühl, Hanna durch diesen Streit emotional nähergekommen zu sein, schockiert. Auffällig ist, dass hier (wie auch schon an früheren Stellen) der Liebesakt mit „Besitzergreifen“ (S. 57) gleichgesetzt wird, somit eher an eine gewalttätige Unterwerfung denn an den Austausch von Zärtlichkeiten denken lässt.

Nach vielen indirekten Hinweisen bietet der Roman erst im zweiten Teil den Schlüssel zum Verständnis für Hannas Verhalten, als Michael plötzlich begreift:

Hanna konnte nicht lesen und schreiben.

Deswegen hatte sie sich vorlesen lassen. Deswegen hatte sie mich auf unserer Fahrradtour das Schreiben und Lesen übernehmen lassen und war am Morgen im Hotel außer sich gewesen, als sie meinen Zettel gefunden, meine Erwartung, sie kenne seinen Inhalt, geahnt und ihre Bloßstellung gefürchtet hatte. Deswegen hatte sie sich der Beförderung bei der Straßenbahn entzogen; ihre Schwäche, die sie als Schaffnerin verbergen konnte, wäre bei der Ausbildung zur Fahrerin offenkundig geworden. (S. 126 f.)

Das erlebende Ich schildert hier seinen **Erkenntnisprozess**, welchen die Leser durch die Aufreihung der einzelnen Kausalzusammenhänge Schritt für Schritt mit ihm nachvollziehen können.

Die Lenkung des Lesers durch Erzählperspektiven[16]

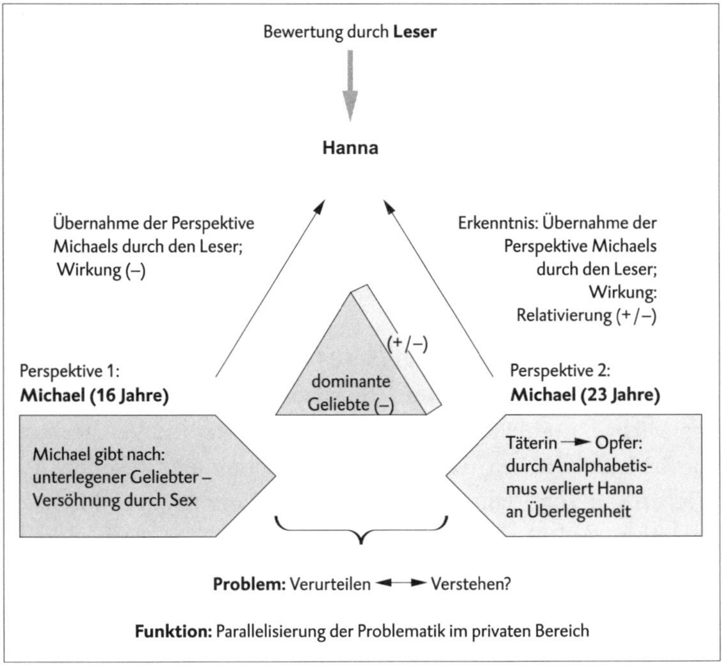

Hanna ist also keineswegs überlegen, sondern ist – insbesondere außerhalb ihrer vertrauten Welt, wozu auch die Straßenbahn gehört, – sehr unsicher und abhängig von Strategien, die ihr Defizit kaschieren können. Durch diesen erzähltechnischen Kniff kann Hannas Verhalten relativiert werden. Ihr dominantes Handeln, welches erst überwiegend aus der Sicht des jungen Michael vermittelt und vom alten Erzähler immer als bedeutsam für den Handlungsverlauf dargestellt wird, erscheint verurteilungswürdig, wird aber aus der neuen Perspektive in Ansätzen verständlich. Ihr Verhalten ist **ambivalent**. Hanna ist in der Textstelle keineswegs sie selbst, also authentisch, wie es Michaels Gedicht formuliert hat („bist du du“, S. 57). Ihre Rhetorik, Michaels Worte zu verdrehen, dient schlicht der eigenen Verteidigung. Das wirft die Kernfrage nach der Entschuldbarkeit auf: Ist Hannas Analphabetismus eine Entschuldigung für ihr Tun?

Diese Frage wird Michael und mit ihm die Leser im zweiten Teil des Romans während des Prozesses beschäftigen. Im Rückblick zeigt sich in diesen beiden Situationen bereits die **Gesamtproblematik des Romans im privaten Bereich**, sodass den Schilderungen der Auseinandersetzungen zwischen Hanna und Michael – für die Spannung zwischen Verurteilen und Verstehen – eine enorme Bedeutsamkeit zukommt.

Das Wiedersehen im Gefängnis (S. 184–188)

Das achte Kapitel des dritten Teils beschreibt das Wiedersehen von Michael und Hanna im Gefängnis. Seit Hannas Verurteilung vor 18 Jahren haben die beiden sich nicht mehr gesehen und pflegen seit zehn Jahren nur indirekten Kontakt über Michaels Kassetten und Hannas kurze Antwortbriefe. Der Aufforderung der Gefängnisleiterin, Hanna zu besuchen, kommt Michael erst nach, als die Entlassung unmittelbar bevorsteht. Abgesehen von einem späteren Telefonat stellt dieses Wiedersehen der beiden die **letzte Begegnung** vor Hannas Suizid dar.

Zu Beginn des Kapitels hebt der Erzähler das Neuartige hervor: Es ist sein „erster Besuch in einem Gefängnis“ (S. 184). Durch diesen Hinweis stellt er eine Verbindung zum erstmaligen Besuch bei Hanna Schmitz her, wohin ihn der „erste Weg“ nach seiner Genesung geführt hat (vgl. *Interpretationshilfe*, S. 68 ff.). Damals wusste er nicht, was ihn erwarten würde. Erst im Rückblick hat sich sein Leben durch diesen Besuch entscheidend verändert. Auch in der aktuellen Situation, die zeitlich nur noch zehn Jahre vor der Erzählgegenwart angesiedelt ist, weiß Michael als erlebendes Ich nicht, was auf ihn zukommen wird.

Bereits das **Gefängnisgebäude** weist äußerlich gewisse Gegensätze auf: Zwar ist es verschlossen und bewacht, jedoch stehen die Türen offen und die Frauen bewegen sich frei in diesem neuen und hellen Bau. Auch eine belebte Wiese „mit Bäumen und Bänken" (S. 184) gehört zum Gelände. Die Alliteration unterstreicht den Eindruck der Lebendigkeit, der der Vorstellung von einem Gefängnis entgegensteht. Die **Diskrepanz zwischen der eigenen Erwartungshaltung und der Wirklichkeit** stimmt bereits auf die Grundproblematik des Kapitels ein.

Beim Betreten der Haftanstalt steht Michael vor etwas Neuem, hat aber, anders als beim ersten Treffen, eine bewegte Vergangenheit hinter sich. Seine Erinnerungen decken sich teilweise nicht mehr mit der gegenwärtigen Realität. Aus seiner Geliebten ist eine alte Frau geworden, weswegen Michael sie auch nicht sofort erkennt: „Hanna? Die Frau auf der Bank war Hanna?" (S. 184). Diese beiden Fragen werden aus der Sicht des erlebenden Ichs gestellt. Durch sie lenkt der Erzähler die Aufmerksamkeit des Lesers auf die enorme **Veränderung Hannas**. Der Name „Hanna" sticht besonders heraus, da der Erzähler im ersten Absatz statt ihres Namens nur Pronomen verwendet. Interessant ist, dass Michael hier – wie zu Beginn des Romans – von der „Frau" spricht. Durch diese Parallele wird wiederum das Fremde und Distanzierte an der Begegnung betont.

Michael beschreibt Hanna durch eine elliptische Aufzählung – zum einen, um sich selbst ihres Äußeren zu vergewissern, zum anderen, um dem Leser ein konkretes Bild ihres körperlichen Verfalls zu geben: „Graue Haare, ein Gesicht mit tiefen senkrechten Furchen in der Stirn, in den Backen, um den Mund und ein schwerer Leib" (ebd.). Schwang in den Beschreibungen im ersten Teil des Romans noch immer eine erotische Komponente mit, geht es nun um **Hannas Unattraktivität**. In der stilistisch typischen Dreifach-Aufzählung weist Michael darauf hin, dass ihr Kleid an „Brust, Bauch und Schenkeln“ (ebd.) spannt. Hanna scheint ihr Körper unwichtig geworden zu sein. In ihrem Schoß liegt ein Buch, welches ebenso wie die Lesebrille auf ihre Alphabetisierung verweist. Als sie merkt, dass sie betrachtet wird, sieht sie zu Michael.

Das **gegenseitige Ansehen** ist von großer Bedeutung, was der Erzähler durch die fünffache Wiederholung von „sah“ zum Ausdruck bringt (S. 184 f.). Der Blick soll den Graben zwischen Vergangenheit und Gegenwart überbrücken. So gelingt es Michael, Hannas Erwartung zu erkennen, aber auch ihre Unsicherheit. Schließlich sieht er ihr Gesicht verlöschen, was bereits als Vorausdeutung ihres baldigen Todes interpretiert werden kann. Hanna tastet Michael mit ihren Augen ab (vgl. S. 185). Durch die Verwendung des Verbs „abtasten“ wird über den visuellen Aspekt hinaus auf die haptische Wahrnehmung, also den Tastsinn, angespielt. Und so ergreift Hanna daraufhin auch – wie in alten Zeiten – körperlich die Initiative und nimmt Michaels Hand.

Ihre Begrüßung „Du bist groß geworden, Jungchen“ (S. 185), erinnert an die klischeehafte Floskel alter Tanten, die ein kleines Kind lange nicht gesehen haben. Sie lässt den Altersunterschied deutlich hervorscheinen und rückt die vergangene Affäre in den Hintergrund. Der frühere Kosename „Jungchen“ wirkt für einen 41-jährigen Mann unpassend.

Michael spürt die **Diskrepanz zwischen früher und heute**. Durch die körperliche Nähe nimmt er ihren **Geruch** wahr: „Ich saß neben Hanna und roch eine alte Frau“ (S. 186). Diese Formulierung bringt zum Ausdruck, dass es ihm nicht gelingt, sich von seinen Vorstellungen zu lösen und Hanna als gealtert wahrzunehmen. Stattdessen erinnert er sich an frühere Zeiten: „Ich hatte ihren Geruch früher besonders geliebt“ (S. 185). Die Verwendung des Plusquamperfekts zeigt die Abgeschlossenheit dieser Tatsache (auch für das erlebende Ich) an. Früher hat ihn ihr frischer Duft fasziniert – sechsmal wird das Adjektiv „frisch" wiederholt (S. 185). Der Verweis auf ihren „frische[n] Schweiß" (ebd.) stellt erneut einen Bezug zum ersten Kapitel her: Bereits bei ihrer ersten Begegnung hat dieser Geruch Michael verwirrt (vgl. S. 6). So nutzt der Erzähler seine olfaktorischen Eindrücke, um sich zu erinnern. Ihm fällt wieder ein, dass er oft an ihr wie „ein neugieriges Tier" (S. 185) geschnüffelt hat. Der Gebrauch des Perfekts zeigt, dass noch eine Verbindung zur Erzählgegenwart besteht. Und so beschreibt Michael in Einzelheiten die verschiedenen Gerüche ihres Körpers und vergegenwärtigt sich auf diese Weise die Vergangenheit von seiner sexuellen Erregung bis hin zu ihren Tätigkeiten im Haushalt und als Straßenbahnschaffnerin, bevor er dann allgemein formuliert: „Werden sie gewaschen, verraten Hände zunächst nichts von alledem" (S. 186). Damit spielt er auf Hannas Waschzwang an, der sie von ihrer Vergangenheit befreien sollte. Aber die Seife kann laut Michael nur überdecken. Schließlich verschmelzen die Gerüche in einen einzigen Duft, den des „Tages- und Arbeitsendes, des Abends, der Heimkehr und des Daheimseins" (ebd.). Hier greift der Erzähler das Motiv der Heimkehr wieder auf, das im Zusammenhang mit der *Odyssee* eingeführt worden ist (vgl. *Interpretationshilfe*, S. 54 f.). Aber in der jetzigen Situation bietet Hanna ihm keine Heimat mehr, sie bleibt ihm fremd. Noch in der Erzählgegenwart beschäftigt sich der Erzähler mit ihrem damaligen Geruch – demjenigen von alten Menschen –, was das Präsens („Ich weiß nicht", S. 186) belegt. Er beschreibt ihn als „Fluch" (ebd.), für den Hanna zu jung ist.

In Gedanken gelingt es Michael nicht, für sich diese Widersprüchlichkeiten aufzulösen. Ihm wird bewusst, dass er Hannas Erwartungen enttäuscht, und will nun wie in alten Zeiten versuchen, sie zufriedenzustellen und ihren Erwartungen zu entsprechen. Die beiden beginnen ein **oberflächliches Gespräch** über Hannas Leben nach der Entlassung. Damit der Leser die Schwierigkeiten dieser Kommunikation selbst wahrnehmen kann, wechselt der Erzähler an dieser Stelle von der zeitdehnenden Darstellung in eine szenische und gibt den Dialog wieder. Allerdings gewährt Michael auch weiterhin Einblick in seine Gedanken, die im Gegensatz zu seinen Äußerungen stehen, was sich in der häufigen Verwendung der adversativen Konjunktion „aber" zeigt. Beispielsweise fragt er Hanna, warum er ihr in Zukunft nicht weiter vorlesen solle, sieht sich aber insgeheim selbst nicht mehr in der Rolle des Vorlesers. Oder er drückt seine Bewunderung für ihre Alphabetisierung aus, weiß aber zugleich, dass er ihr auf ihre Briefe hätte antworten müssen. Michael wird klar: „Ich hatte Hanna eine kleine Nische zugebilligt, durchaus eine Nische, die mir wichtig war [...], aber keinen Platz in meinem Leben" (S. 187). Er fühlt sich daher schuldig und versucht sich zu rechtfertigen: „Aber warum hätte ich ihr einen Platz in meinem Leben zubilligen sollen?" (ebd.) Mit dieser Frage will er von seiner eigenen Schuld ablenken und auf Hannas Vergangenheit hinweisen, auf die er sie dann auch anspricht. Allerdings schafft er es nicht, ihr Verbrechen explizit zu benennen, sondern redet von dem, „was in dem Prozeß zur Sprache kam" (ebd.). Er hat die Vergangenheit offensichtlich noch nicht verarbeitet und erkundigt sich: „[H]ast du nie daran gedacht, [...] wenn ich dir vorgelesen habe?" (ebd.). Diese Frage hat ihn seit ihrer Verurteilung beschäftigt und bringt seinen inneren Konflikt zwischen Verstehen und Verurteilen zum Ausdruck. Er kann es noch immer nicht fassen, dass seine frühere Geliebte auch ein ganz anderes, grausames Gesicht hat, dass sie während der zärtlichen Stunden ihre Vergangenheit ganz ausgeblendet haben soll.

Daraufhin fragt Hanna Michael zwar, ob ihn das sehr beschäftige, wartet aber die Antwort nicht ab und beginnt sofort **ihre Rechtfertigung**. Auch wenn sie wahrscheinlich ahnt, was sie Michael angetan hat, geht es ihr mehr um die Auseinandersetzung mit der eigenen Vergangenheit, da sie sich von der

Außenwelt ohnehin unverstanden fühlt. Dabei ist für sie das „Verstehen" wesentlich, da es ihrer Meinung nach die Voraussetzung für die Rechenschaft bildet. Für Hanna gibt es keine irdische Instanz, nur die Toten könnten Rechenschaft von ihr verlangen. Dennoch bedeutet die Verurteilung vor Gericht insofern einen Wendepunkt in ihrer Auseinandersetzung mit der eigenen NS-Vergangenheit, als sie im Gefängnis die Träume und Gedanken an die Toten nicht mehr verdrängen konnte, sondern aushalten musste. Hanna antwortet nicht direkt auf Michaels Frage, doch mit der **Ablehnung einer irdischen Rechtfertigung** schließt sie auch eine Schuld Michael gegenüber aus. Sie sagt implizit, dass auch er sie nicht verstehen könne. Michael fehlen daraufhin die Worte.

Hanna ist an Michael nicht nur wegen ihrer NS-Vergangenheit schuldig geworden, sondern auch durch den **sexuellen Missbrauch**. Indirekt spricht sie ihn mit der Frage nach seiner Ehe auf seine Beziehungsfähigkeit an. Michael erwähnt seine Scheidung und seine Tochter, die im Internat lebt (vgl. S. 188) – es ist ihm also nicht gelungen, eine funktionierende Partnerschaft einzugehen. Hanna sagt dazu nichts.

Die beiden sind nicht in der Lage, sich gemeinsam mit ihrer Vergangenheit auseinanderzusetzen. Die zwei Versuche enden im Schweigen. Michael lenkt daher die Kommunikation erneut auf die Zukunft und fragt nach ihren Wünschen für den Tag der Freilassung. Hanna antwortet darauf nur sehr einsilbig, indem sie Michaels Worte wiederholt: „Ja" bzw. „Ganz still" (S. 188). Sie bringt im Hinblick auf ihre Entlassung keine eigene Initiative auf. Die dreifache Wiederholung von „ganz still" (ebd.) zeigt bereits an, dass es sich für Hanna nicht um ein freudiges Ereignis handelt, das gefeiert werden muss. Wahrscheinlich ist ihr zu diesem Zeitpunkt bereits klar, dass sie das Gefängnis nicht verlassen wird. Auch dieses Gespräch über die Zukunft verläuft daher stockend.

Nachdem die Gefängnisglocke bereits zweimal ins Haus gerufen hat, **beendet Michael das Treffen**, indem er aufsteht. Da die Worte fehlen, werden wie bei der Begrüßung Blicke ausgetauscht. Wiederum „tasten" Hannas Augen sein Gesicht ab. Anders als zu Beginn ist es nun aber Michael, der körperlich aktiv wird und sie in die Arme nimmt, „aber sie fühlte sich nicht richtig an" (S. 188). Die adversative Konjunktion verdeutlicht wiederum die Widersprüchlichkeit, die sich bereits in anderen Bereichen offenbart hat. Michael ist noch voll von Erinnerungen, die aber von der Realität widerlegt werden. Im Gegensatz zu früher findet er Hanna optisch nicht mehr attraktiv, erträgt ihren Geruch nicht, scheitert bei der Kommunikation und muss feststellen, dass der körperliche Kontakt sich nun falsch anfühlt. Dies ist insofern eine wichtige Veränderung, als in der Vergangenheit das körperliche Begehren sonstige Schwierigkeiten oder Unstimmigkeiten stets in den Hintergrund gerückt hat (vgl. *Interpretationshilfe*, S. 73 ff.). Es ist deswegen eine logische Konsequenz, dass die beiden vor der Zeit auseinandergehen und voneinander Abschied nehmen, bevor sie sich im Haus trennen müssten. Hanna verabschiedet sich mit den Worten: „Mach's gut, Jungchen" (S. 188). Dieser Gruß kann bereits darauf hindeuten, dass Hanna nicht mehr von einem Wiedersehen ausgeht. **Sie ist Michael überlegen** und lässt ihn nicht an ihrem Innenleben teilhaben – ganz wie in früheren Zeiten.

Ein aufrichtiger Austausch zwischen den beiden ist unmöglich. Das Kapitel zeigt dies, indem es die Widersprüche zwischen der Innenwelt und dem äußeren Handeln bzw. den eigenen Vorstellungen und der Realität vorführt. Die wesentlichen Fragen nach der Schuld, die in dem Gespräch oberflächlich angesprochen werden, können nicht gemeinsam beantwortet werden. Letztendlich muss sich jeder mit sich selbst auseinandersetzen, um mit der Vergangenheit abzuschließen.

Rezeptionsgeschichte

Einordnung in die Literaturgeschichte

Die Thematik des *Vorlesers*, der Umgang mit der NS-Zeit, beschäftigt seit dem Kriegsende 1945 die deutsche Literaturlandschaft. Im Laufe der Zeit hat sich allerdings die Herangehensweise an dieses Thema stark verändert.

Direkt nach dem Krieg standen die Menschen noch unter Schock und sehnten einen Neuanfang, „**die Stunde Null**", herbei. Die Autoren waren selbst von den Kriegserlebnissen betroffen und erschüttert, hatten teilweise den Krieg und die Gefangenschaft erlebt. Einige waren im Exil gewesen, andere waren dem KZ knapp entkommen. Sie gehörten also der ersten Generation an, die auch im *Vorleser* eine Rolle spielt. Es entstand die „**Trümmer- oder Kahlschlagliteratur**", in der eine Bestandsaufnahme der in Trümmern liegenden Alltagswelt erstellt wurde. Einige Nachkriegsautoren und Kritiker bildeten die **Gruppe 47**, die das literarische Leben in der BRD stark beeinflusste und eine literarische Opposition gegen die gesellschaftliche Restauration bildete.

Angesichts des Missbrauchs, den die Nationalsozialisten an der deutschen Sprache geübt hatten, hielten es viele Intellektuelle fortan für notwendig, Sprache möglichst unpathetisch zu verwenden. Zudem regten sich bei einigen Schriftstellern Zweifel, ob das erlebte Grauen überhaupt literarisch verarbeitet werden könne und dürfe. Berühmt geworden ist in diesem Zusammenhang die Äußerung des Philosophen Theodor W. Adorno: „Nach Auschwitz ein Gedicht zu schreiben, ist barbarisch"[17].

In den 60er-Jahren setzte eine gattungsübergreifende **Politisierung der Literatur** ein. Ein bedeutendes Genre wurde das

Dokumentartheater, welches unter Verwendung von authentischem Material zeigen wollte, was „wirklich" passiert war. Die zweite Generation meldete sich zu Wort und setzte sich mit dem Verhalten ihrer Eltern in der NS-Zeit auseinander. Es ging den Studenten in ihrer Rebellion um Schuldzuweisung und die eigene Abgrenzung, was Schlink auch in seinem Roman aufgreift.

Während in den 70er-Jahren mit der neuen Subjektivität eine Rückbesinnung auf das eigene Ich stattfand, setzte sich in den 80er- und 90er-Jahren in der sogenannten **Väterliteratur** die Tendenz fort, sich mit der Väter-Generation durch das Verfassen der eigenen Lebensgeschichte zu beschäftigen.

Durch die zeitliche Distanz hat sich allerdings die Art der literarischen Verarbeitung gewandelt: Es besteht kein Anspruch mehr auf dokumentarische Genauigkeit, die Kenntnis der Ereignisse wird vorausgesetzt. Im Vordergrund steht nun die Auseinandersetzung mit menschlichen Verhaltensweisen auf einer allgemeineren Ebene, z. B. mit der Frage nach der Schuld.[18] So auch im *Vorleser*, der 1995 erschien. Schlink **radikalisiert** hier die Herangehensweise der Väterliteratur, indem er Sympathie zu einer Täterin zulässt, zu der keine verwandtschaftliche, sondern eine Liebesbeziehung des Erzählers besteht.

Wirkung auf Publikum und Kritik

Schlink selbst sieht sein Buch als „politisch inkorrekt" an und erwartete negative Reaktionen.[19] Das Gegenteil war der Fall: Der Roman fand das **Gefallen der Leser** und stürmte – auch international (z. B. in Amerika und England) – die Bestsellerlisten. Als erster deutscher Schriftsteller wurde Schlink 1999 in „Oprah's Book Club" eingeladen. Das Buch wurde in 35 Sprachen übersetzt und mit Preisen überhäuft, darunter den Premio Grinzane Cavour (Italien), Prix Laure Bataillon (Frankreich), Hans-Fallada Preis der Stadt Neumünster, Evangelischer Buchpreis und Sonderkulturpreis der japanischen Tageszeitung Mainichi Shibun.[20]

Auch die deutschsprachige **Kritik** hat den Roman direkt nach Erscheinen zunächst positiv aufgenommen, beispielsweise hob Rainer Moritz in der *Weltwoche* vom 23. 11. 1995 die Aufrichtigkeit des Textes hervor und lobte: „Was für ein Glück, dass dieses Buch geschrieben wurde!“ Oder Tilman Krause schwärmte im *Tagesspiegel* vom 3. 9. 1995 von der „aufregenden Fallgeschichte, die so gezügelt wie Genuß gewährend erzählt wird“. Nur wenige negative Stimmen wurden laut: So beklagte Peter Michalzik in der *tageszeitung* die „parabelnde Zeitlosigkeit“ und Claus-Ulrich Bielefeld in der *Süddeutschen Zeitung* die Selbstgerechtigkeit des Romans: „So muß er scheitern.“ Sigrid Löffler verwies im „Literarischen Quartett“ auf die „dubiosen und fragwürdigen Strategien“, die im Roman verwendet werden, um die Schuld der Protagonistin durch ihren Analphabetismus zu relativieren.

International schloss sich die angloamerikanische und französische Presse dem überwiegend positiven Echo an. In Israel wurde auf die Darstellung der Opfer besonders sensibel reagiert und diese durchaus kontrovers diskutiert.[21] Aber auch hier überwog die positive Kritik.

Als Schlink im Jahr 2002 seinen Band *Liebesfluchten* in England auf den Markt brachte, kam es allerdings – ausgelöst durch einige kritische Leserbriefe von britischen Schriftstellern und Wissenschaftlern im *Times Literary Supplement* – zu einer erneuten Welle von Kritiken zum *Vorleser*. Jeremy Adler sorgte mit seiner Polemik „Die Kunst, Mitleid mit den Mördern zu erzwingen“ in der *Süddeutschen Zeitung* für eine Literaturdebatte, die in den Feuilletons der deutschsprachigen Zeitungen (z. B. *Frankfurter Allgemeine Zeitung*, *Welt*, *Spiegel*, *Neue Zürcher Zeitung*) – teilweise sehr heftig – geführt wurde. Adler warf Schlink vor, mit seinem Roman „Kulturpornographie“ zu schreiben und ein „Kitschbild“ zu produzieren. Insgesamt wurde nun die sprachliche Qualität des *Vorlesers* infrage gestellt, sowie inhaltlich die Gleichstellung der Opfer und Täter durch den Betäubungstopos und die relativierende Wirkung des Analphabetismus als moralisch problematisch kritisiert. „Allerdings will das Buch nebenbei mit der Vergangenheit aufräumen, die sonst womöglich gar nicht vergehen würde“, beanstandete z. B. Willi Winkler (SZ 30./31. 3./1. 4. 2002). Demgegenüber forderte Juliane Köster (SZ 27./28. 4. 2002) eine differenzierte Betrachtungsweise und verwies darauf, dass der Roman „vor allem jungen Leserinnen und Leser[n] Anstoß zur notwendigen kollektiven Selbstverständigungsdebatte“ gebe, indem „er die Frage des kollektiven Umgangs mit der Schuld und deren Weitergabe an die nächste Generation thematisiert“. Sicherlich gehört es zum besonderen Reiz des Romans, dass er zu diesen kontroversen Diskussionen herausfordert.

Während die **Literaturdidaktik** sich intensiv mit dem Roman beschäftigt und der Roman häufig in der Schule besprochen wird, verhält sich die **Literaturwissenschaft** eher zurückhaltend und beachtet den Text kaum. Die wenigen Abhandlungen sind überwiegend kritisch, insbesondere gegenüber der ambivalenten Rolle des Ich-Erzählers, dem Realismus-Anspruch und der problematischen Funktion des Analphabetismus.[22]

Plakat zu der Verfilmung von 2008

Das Interesse der Allgemeinheit bleibt jedoch ungebrochen, was sich auch daran zeigt, dass *Der Vorleser* 2008 unter der Regie von Stephen Daldry und nach dem Drehbuch von David Hare verfilmt worden ist. Kate Winslet, Ralph Fiennes und David Kross spielen die Hauptrollen. Es bleibt abzuwarten, ob das Erscheinen des **Films** für weitere Diskussionen und somit neue Impulse in der Wahrnehmung des Romans sorgen wird.

Literaturhinweise

Verwendete Textausgabe

SCHLINK, BERNHARD: *Der Vorleser.* Zürich, Diogenes Verlag 1997.

Literatur zur Biografie und zum Werk Bernhard Schlinks

MORALDO, SANDRO: *Bernhard Schlink.* In: *Kritisches Lexikon zur deutschsprachigen Gegenwartsliteratur.* Hrsg. von Heinz Ludwig Arnold. München, text + kritik 3/02.

Gibt einen guten Überblick über Leben und Werk von Bernhard Schlink bis zum Jahr 2002 (einschließlich vieler Hinweise auf Sekundärliteratur).

HAGE, VOLKER/DOERRY, MARTIN: SPIEGEL-Gespräch (mit Bernhard Schlink) *„Ich lebe in Geschichten".* In: DER SPIEGEL vom 24. 1. 2000.

Interview mit Bernhard Schlink anlässlich seiner Veröffentlichung von *Liebesfluchten* über sein Leben, sein Schreiben und den Erfolg des *Vorlesers.*

Literatur zu Bernhard Schlinks „Der Vorleser"

KÖSTER, JULIANE: *Der Vorleser.* München, Oldenbourg 2000.

Eine ausführliche Interpretation vor dem Hintergrund des Auschwitzdiskurses (inklusive einer ausführlichen Bibliografie).

Literatur zur Rezeption des Vorlesers

HEIGENMOSER, MANFRED: *Bernhard Schlink. Der Vorleser.* Stuttgart, Reclam 2005.

Gibt anhand einiger beispielhafter Textauszüge einen guten Überblick über die nationalen und internationalen Reaktionen auf den Vorleser (enthält zahlreiche Literaturhinweise).

MORITZ, RAINER: *Die Liebe zur Aufseherin. Bernhard Schlinks Roman „Der Vorleser“ – ganz einfach ein Glücksfall.* In: Die Weltwoche vom 23. 11. 1995.

Beispiel für eine positive Reaktion im Jahr 1995.

BIELEFELD, CLAUS-ULRICH: *Die Analphabetin.* In: Süddeutsche Zeitung vom 04./05. 11. 1995.

Beispiel für eine der wenigen negativen Rezensionen im Jahr 1995.

ADLER, JEREMY: *Die Kunst, Mitleid mit den Mördern zu erzwingen. Einspruch gegen ein Erfolgsbuch: Bernhard Schlinks „Der Vorleser“ betreibt Geschichtsverfälschung.* Dt. von Thomas Steinfeld. In: Süddeutsche Zeitung 20./21. 4. 2002.

Zentraler Text in der Feuilletondebatte über den *Vorleser* im Jahr 2002.

Literatur zum Majdanek-Prozess

INGRID MÜLLER-MÜNCH: *Die Frauen von Majdanek – Vom zerstörten Leben der Opfer und der Mörderinnen.* Reinbek, Rowohlt Verlag 1982.

SCHMITZ, THORSTEN: *Die Stute von Majdanek.* In: Süddeutsche Zeitung. Magazin vom 13. 12. 1996.

Die Reportage beschreibt sehr anschaulich den Majdanek-Prozess und die Angeklagte Hermine Ryan, die starke Ähnlichkeiten mit der Figur Hannas aufweist.

Anmerkungen

1 Schlink in einem SPIEGEL-Gespräch mit Volker Hage. In: DER SPIEGEL vom 24. 1. 2000.
2 KAMPA, DANIEL/KÄLIN, ARMIN C.: *Autorenalbum.* Zürich, Diogenes 1996, S. 276.
3 WYSS, MARTIN: *Fragen auf Antworten.* In: Das Magazin, Berner Zeitung vom 15. 6. 1996.
4 Ebd.
5 MORALDO, SANDRO: *Bernhard Schlink.* In: *Kritisches Lexikon zur deutschsprachigen Gegenwartsliteratur.* Hrsg. von Heinz Ludwig Arnold. München, text + kritik 3/02, S. 8.
6 SPIEGEL-Gespräch mit Bernhard Schlink *„Ich lebe in Geschichten".* In: DER SPIEGEL vom 24. 1. 2000.
7 Vgl. SCHMITZ, THORSTEN: *Die Stute von Majdanek.* SZ vom 13. 12. 1996.
8 Vgl. Brockhaus Enzyklopädie, Bd. 19, Mannheim, Bibliographisches Institut 1992, S. 538–540.
9 Vgl. GIORDANO, RALPH: *Die zweite Schuld oder von der Last, Deutscher zu sein.* Hamburg/Zürich, Rasch und Röhrig 1987.
10 Schlinks Rede anlässlich des Fallada-Preises der Stadt Neumünster im Jahr 1997.
11 Ebd.
12 KANT, IMMANUEL: *Werke in 6 Bänden.* Hrsg. von Wilhelm Weischedel. Darmstadt, Wissenschaftliche Buchgesellschaft 1964, Bd. VI, S. 53 f.
13 Vgl. KÖSTER, JULIANE: Der Vorleser. München, Oldenbourg 2000, S. 54.
14 REISNER, HANNS-PETER: *Bernhard Schlink. Der Vorleser.* Stuttgart, Klett 2005, S. 93 ff.
15 SPIEGEL-Gespräch mit B. Schlink: „Ich lebe in Geschichten".
16 Das Schaubild entstand im Rahmen meiner Examenslehrprobe. Vielen Dank an Rotraud Drygalla, Jutta Schmitt und Dr. Petra Schulz für ihre Unterstützung.
17 ADORNO, THEODOR W.: *Kulturkritik und Gesellschaft.* Frankfurt a. Main, Suhrkamp 1951.
18 Vgl. MÖCKEL, MAGRET: *Bernhard Schlink. Der Vorleser.* Hollfeld, C. Bange 2000, S. 29.
19 Vgl. HEIGENMOSER, MANFRED: *Bernhard Schlink. Der Vorleser. Erläuterungen und Dokumente.* Stuttgart, Reclam 2005, S. 98.
20 Vgl. ebd., S. 111 f.
21 Vgl. ebd., S. 109 f.
22 Vgl. ebd., S. 113.

Ihre Meinung ist uns wichtig!

Ihre Anregungen sind uns immer willkommen. Bitte informieren Sie uns mit diesem Schein über Ihre Verbesserungsvorschläge!

Titel-Nr.	Seite	Vorschlag

Bitte hier abtrennen

Lernen • Wissen • Zukunft
STARK

Bitte hier abtrennen

Zutreffendes bitte ankreuzen! Die Absenderin/der Absender ist:

- ☐ Lehrer/in in den Klassenstufen: ____
- ☐ Fachbetreuer/in
  Fächer: ____
- ☐ Seminarlehrer/in
  Fächer: ____
- ☐ Regierungsfachberater/in
  Fächer: ____
- ☐ Oberstufenbetreuer/in
- ☐ Schulleiter/in
- ☐ Referendar/in, Termin 2. Staatsexamen: ____
- ☐ Leiter/in Lehrerbibliothek
- ☐ Leiter/in Schülerbibliothek
- ☐ Sekretariat
- ☐ Eltern
- ☐ Schüler/in, Klasse: ____
- ☐ Sonstiges: ____

STARK Verlag
Postfach 1852
85318 Freising

Kennen Sie Ihre Kundennummer?
Bitte hier eintragen.

Absender (Bitte in Druckbuchstaben!)

Name/Vorname

Straße/Nr.

PLZ/Ort/Ortsteil

Telefon privat **Geburtsjahr**

E-Mail

Schule/Schulstempel (Bitte immer angeben!)

Unterrichtsfächer: (Bei Lehrkräften!)

19-V1P

Bitte ausfüllen und im frankierten Umschlag an uns einsenden. Für Fensterkuverts geeignet.

STARK Interpretationshilfen und Trainingsbände für die Oberstufe

Deutsch Interpretationen

Aehnlich: *Alle sterben, auch die Löffelstöre* .... Best.-Nr. 2400621
Brecht: *Der aufhaltsame Aufstieg des Arturo Ui* .... Best.-Nr. 2400281
Brecht: *Der kaukasische Kreidekreis* .... Best.-Nr. 2400171
Brecht: *Leben des Galilei* .... Best.-Nr. 2400011
Brecht: *Mutter Courage und ihre Kinder* .... Best.-Nr. 2400521
Brussig: *Am kürzeren Ende der Sonnenallee* ..... Best.-Nr. 2400201
Büchner: *Dantons Tod* .... Best.-Nr. 2400121
Büchner: *Der Hessische Landbote* .... Best.-Nr. 2400461
Büchner: *Lenz* .... Best.-Nr. 2400431
Büchner: *Leonce und Lena* .... Best.-Nr. 2400261
Büchner: *Woyzeck* .... Best.-Nr. 2400042
Dürrenmatt: *Der Besuch der alten Dame* .... Best.-Nr. 2400341
Dürrenmatt: *Der Verdacht* .... Best.-Nr. 2400571
Eichendorff: *Aus dem Leben eines Taugenichts* .... Best.-Nr. 2400071
Eichendorff: *Das Marmorbild* .... Best.-Nr. 2400081
Fontane: *Effi Briest* .... Best.-Nr. 2400371
Fontane: *Irrungen, Wirrungen* .... Best.-Nr. 2400401
Fontane: *Frau Jenny Treibel* .... Best.-Nr. 2400611
Frisch: *Biedermann und die Brandstifter* .... Best.-Nr. 2400531
Frisch: *Homo faber* .... Best.-Nr. 2400031
Frisch: *Andorra* .... Best.-Nr. 2400131
Goethe: *Faust I* .... Best.-Nr. 2400511
Goethe: *Iphigenie auf Tauris* .... Best.-Nr. 2400361
Goethe: *Gedichte (1771–1783)* .... Best.-Nr. 2400181
Goethe: *Die Leiden des jungen Werther* .... Best.-Nr. 2400051
Hauptmann: *Die Ratten* .... Best.-Nr. 2400411
Hein: *Der fremde Freund/Drachenblut* .... Best.-Nr. 2400061
E.T.A. Hoffmann: *Der Sandmann* .... Best.-Nr. 2400351
Horváth: *Geschichten aus dem Wiener Wald* .... Best.-Nr. 2400581
Kafka: *Der Proceß* .... Best.-Nr. 2400481
Kafka: *Die Verwandlung/Das Urteil* .... Best.-Nr. 2400141
Keller: *Romeo und Julia auf dem Dorfe* .... Best.-Nr. 2400321
Kerner: *Blueprint. Blaupause* .... Best.-Nr. 2400391
Kleist: *Der zerbrochne Krug* .... Best.-Nr. 2400541
Kleist: *Die Marquise von O.* .... Best.-Nr. 2400471
Kleist: *Michael Kohlhaas* .... Best.-Nr. 2400111
Koeppen: *Tauben im Gras* .... Best.-Nr. 2400641
Lessing: *Emilia Galotti* .... Best.-Nr. 2400191
Lessing: *Nathan der Weise* .... Best.-Nr. 2400501
Th. Mann: *Der Tod in Venedig* .... Best.-Nr. 2400291
Th. Mann: *Tonio Kröger/ Mario und der Zauberer* .... Best.-Nr. 2400151

Musil: *Die Verwirrungen der Zöglings Törleß* .... Best.-Nr. 2400561
Schiller: *Don Carlos* .... Best.-Nr. 2400162
Schiller: *Kabale und Liebe* .... Best.-Nr. 2400231
Schiller: *Die Räuber* .... Best.-Nr. 2400421
Schiller: *Maria Stuart* .... Best.-Nr. 2400271
Schlink: *Der Vorleser* .... Best.-Nr. 2400102
Schneider: *Schlafes Bruder* .... Best.-Nr. 2400021
Schnitzler: *Traumnovelle* .... Best.-Nr. 2400311
Sophokles: *Antigone* .... Best.-Nr. 2400221
Storm: *Der Schimmelreiter* .... Best.-Nr. 2400381
Süskind: *Das Parfum* .... Best.-Nr. 2400091
Timm: *Die Entdeckung der Currywurst* .... Best.-Nr. 2400301
Vanderbeke: *Das Muschelessen* .... Best.-Nr. 2400331
Wolf: *Kassandra* .... Best.-Nr. 2400601
Wolf: *Medea. Stimmen* .... Best.-Nr. 2400551
Wedekind: *Frühlings Erwachen* .... Best.-Nr. 2400491
Zweig: *Schachnovelle* .... Best.-Nr. 2400441

Deutsch Training

Dramen analysieren u. interpretieren .. Best.-Nr. 944092
Erörtern und Sachtexte analysieren ..... Best.-Nr. 944094
Gedichte analysieren und interpretieren .... Best.-Nr. 944091
Epische Texte analysieren und interpretieren .... Best.-Nr. 944093
Abitur-Wissen Erörtern und Sachtexte analysieren ..... Best.-Nr. 944064
Abitur-Wissen Textinterpretation .... Best.-Nr. 944061
Abitur-Wissen Deutsche Literaturgeschichte .... Best.-Nr. 94405
Abitur-Wissen Prüfungswissen Oberstufe .... Best.-Nr. 94400
Kompakt-Wissen Rechtschreibung .... Best.-Nr. 944065

(Bitte blättern Sie um)

Englisch Interpretationen

Albee:
Who's afraid of Virginia Woolf? .... Best.-Nr. 2500101
Atwood: *The Handmaid's Tale* .... Best.-Nr. 2500181
Auster: *Moon Palace* .... Best.-Nr. 2500031
Boyle: *The Tortilla Curtain* .... Best.-Nr. 2500131
Bradbury: *Fahrenheit 451* .... Best.-Nr. 2500141
20th Century English Short Stories .... Best.-Nr. 2500151
Fitzgerald: *The Great Gatsby* .... Best.-Nr. 2500191
Golding: *Lord of the Flies* .... Best.-Nr. 2500051
Hornby: *About a Boy* .... Best.-Nr. 2500201
Ishiguro: *The Remains of the Day* .... Best.-Nr. 2500171
Lessing: *The Fifth Child* .... Best.-Nr. 2500071
Lodge: *Changing Places* .... Best.-Nr. 2500091
MacLaverty: *Cal* .... Best.-Nr. 2500161
Priestley: *An Inspector Calls* .... Best.-Nr. 2500081
Russell: *Educating Rita* .... Best.-Nr. 2500061
Salinger: *Catcher in the Rye* .... Best.-Nr. 2500111
Shakespeare: *Macbeth* .... Best.-Nr. 2500011
Shakespeare: *Romeo and Juliet* .... Best.-Nr. 2500041
Shaw: *Pygmalion* .... Best.-Nr. 2500121
Shepard: *True West* .... Best.-Nr. 2500211
Williams: *A Streetcar Named Desire* ..... Best.-Nr. 2500221

Englisch Training

Übersetzungsübung .... Best.-Nr. 82454
Grammatikübung .... Best.-Nr. 82452
Themenwortschatz .... Best.-Nr. 82451
Grundlagen, Arbeitstechniken und
Methoden mit CD .... Best.-Nr. 944601
Sprachmittlung .... Best.-Nr. 94469
Sprechfertigkeit mit CD .... Best.-Nr. 94467
Abitur-Wissen
Landeskunde Großbritannien .... Best.-Nr. 94461
Abitur-Wissen Landeskunde USA .... Best.-Nr. 94463
Abitur-Wissen
Englische Literaturgeschichte .... Best.-Nr. 94465
Kompakt-Wissen Abitur
Themenwortschatz .... Best.-Nr. 90462
Kompakt-Wissen Grundwortschatz ...... Best.-Nr. 90464
Kompakt-Wissen Kurzgrammatik .... Best.-Nr. 90461
Kompakt-Wissen Abitur
Landeskunde/Literatur .... Best.-Nr. 90463
Kompakt-Wissen Abitur – Ausgabe NRW
Landeskunde/Literatur .... Best.-Nr. 50463

Latein Training

Abitur-Wissen
Lateinische Literaturgeschichte .... Best.-Nr. 94602
Abitur-Wissen Prüfungswissen Latinum Best.-Nr. 94608
Kompakt-Wissen Kurzgrammatik .... Best.-Nr. 906011

Französisch Interpretationen

Camus: *L'Etranger/Der Fremde* .... Best.-Nr. 2550041
Sartre: *Huis clos/*
Geschlossene Gesellschaft .... Best.-Nr. 2550051

Französisch Training

Landeskunde Frankreich .... Best.-Nr. 94501
Themenwortschatz .... Best.-Nr. 94503
Literatur .... Best.-Nr. 94502
Textarbeit Oberstufe .... Best.-Nr. 94504
Sprachmittlung · Übersetzung .... Best.-Nr. 94512
Abitur-Wissen
Französische Literaturgeschichte .... Best.-Nr. 94506
Kompakt-Wissen Abitur
Themenwortschatz .... Best.-Nr. 945010
Kompakt-Wissen Kurzgrammatik .... Best.-Nr. 945011
Kompakt-Wissen Grundwortschatz ...... Best.-Nr. 905001

Spanisch

Kompakt-Wissen Abitur
Themenwortschatz .... Best.-Nr. 945401

Fachübergreifend

Richtig Lernen – Tipps und
Lernstrategien für die Oberstufe .... Best.-Nr. 10483
Referate und Facharbeiten
für die Oberstufe .... Best.-Nr. 10484
Training Methoden – Meinungen äußern,
Ergebnisse präsentieren .... Best.-Nr. 10486

Bestellungen bitte direkt an:
STARK Verlagsgesellschaft mbH & Co. KG · Postfach 1852 · 85318 Freising
Tel. 0180 3 179000* · Fax 0180 3 179001* · www.stark-verlag.de · info@stark-verlag.de
*9 Cent pro Min. aus dem deutschen Festnetz, Mobilfunk bis 42 Cent pro Min.
Aus dem Mobilfunknetz wählen Sie die Festnetznummer: 08167 9573-0

Lernen · Wissen · Zukunft
STARK

19-V1P